EMOÇÕES

Dados Internacionais de Catalogação na Publicação (CIP)
(Câmara Brasileira do Livro, SP, Brasil)

Osho, 1931-1990.
Emoções: liberte-se da raiva, do ciúme, da inveja e do medo / Osho ; tradução Denise de C. Rocha Delela. -- São Paulo : Cultrix, 2006.

Título original: Emotions
ISBN 978-85-316-0951-0

1. Ciúme 2. Emoções 3. Inveja 4. Medo 5. Raiva I. Título.

06-5693 CDD-299.93

Índices para catálogo sistemático:
1. Emoções : Osho : Religiões de natureza universal 299.93

Osho

EMOÇÕES

Liberte-se da Raiva, do Ciúme,
da Inveja e do Medo

Tradução
DENISE DE C. ROCHA DELELA

Editora
Cultrix
SÃO PAULO

Título original: *Emotions*.

Copyright © 2001 Osho International Foundation, Suíça -- www.osho.com/copyrights.

Copyright da edição brasileira © 2006 Editora Pensamento-Cultrix Ltda.

13ª reimpressão 2020.

Todos os direitos reservados. Nenhuma parte deste livro pode ser reproduzida ou usada de qualquer forma ou por qualquer meio, eletrônico ou mecânico, inclusive fotocópias, gravações ou sistema de armazenamento em banco de dados, sem permissão por escrito exceto nos casos de trechos curtos citados em resenhas críticas ou artigos de revistas.

OSHO é uma marca registrada da Osho International Foundation, usada com a devida permissão e licença.

Quaisquer fotos, imagens ou arte final de Osho, pertencentes à Osho Foundation ou vinculadas a ela por copyright e fornecidas aos editores pela OIF, devem conter uma permissão explícita da Osho Foundation para seu uso.

A Editora Cultrix não se responsabiliza por eventuais mudanças ocorridas nos endereços convencionais ou eletrônicos citados neste livro.

Nenhuma orientação ou ensinamento deste livro visa substituir os cuidados de um médico, de um psicoterapeuta ou de um psiquiatra. Também não é sua intenção servir como uma alternativa ao tratamento médico prescrito por um profissional. Este livro não oferece diagnóstico ou tratamento para nenhum problema físico ou psicológico. Antes de iniciar a prática de qualquer exercício vigoroso, como complemento de uma meditação, consulte um médico.

Direitos de tradução para o Brasil adquiridos com exclusividade pela
EDITORA PENSAMENTO-CULTRIX LTDA., que se reserva a
propriedade literária desta tradução.
Rua Dr. Mário Vicente, 368 -- 04270-000 -- São Paulo, SP
Fone: (11) 2066-9000
http://www.editoracultrix.com.br
E-mail: atendimento@editoracultrix.com.br
Foi feito o depósito legal.

Sumário

Introdução 11

O que são emoções? 13
As emoções e o sentimentalismo 19
Repressão e controle 21

A raiva 29
A raiva e a tristeza são a mesma coisa 38
Por que as pessoas ficam com raiva de você? 48

A inveja e o ciúme 51
O que é a inveja e por que ela machuca tanto? ... 51
O que deixa você com ciúme? 59

O medo 69
Que medo é esse? 69
O medo da solidão 74
O medo é como a escuridão 78

A compreensão é o segredo da transformação 85
O coração vazio 87

Métodos para ajudar você 95
Instruções, exercícios e experimentos 97
Epílogo 121
Sobre o Autor 123

*Lembre-se
　　　sempre
　　　　　de
　　　　　　　que
　　　　　　　　　os
　　　　　　　　　　　problemas
　　　　　　　　　　　são
　　　　　　　　　　　　　seus...*

EMOÇÕES

INTRODUÇÃO

O título deste livro pode lhe dar a impressão de que você tem nas mãos só mais um livro de regras sobre "como fazer as coisas". Nada está mais longe da verdade! Este livro mostra a você uma dimensão diferente, em que todas as perguntas sobre "como fazer as coisas" são substituídas por uma percepção direta da sua própria realidade oculta. Osho diz:

"Nós reduzimos tudo a fórmulas sobre 'como fazer as coisas'. Existe no mundo inteiro uma grande cultura do 'como se faz' e todo mundo, principalmente a mente moderna contemporânea, virou especialista nisso: como fazer isto, como fazer aquilo, como ficar rico, como ter sucesso, como influenciar as pessoas e fazer amigos, como meditar, até como amar! Não está longe o dia em que algum sujeito idiota vai começar a perguntar como respirar. Não é uma questão de aprender 'como se faz'. Não se pode reduzir a vida a uma tecnologia. A vida reduzida a uma tecnologia perde toda a sua fragrância de alegria".

Neste livro você encontrará idéias para desbloquear a compreensão intuitiva que tem de si mesmo e do seu mundo interior. Algumas dessas idéias podem incomodar você, podem ir contra tudo o que você pensa que já sabe. Outras podem provocar em você um choque de reconhecimento, ao traduzir em palavras uma verdade que você subitamente percebe que sempre soube.

Seja qual for o caso, relaxe... espere um tempo até se acostumar com a idéia e observe. Volte a refletir sobre ela várias e várias vezes e você logo descobrirá novos níveis de compreensão, à medida que começar a ler as entrelinhas e a se aproximar cada vez mais do seu próprio ser.

Não, não se trata de um livro que ensina "como fazer as coisas". Trata-se de uma chama que você pode usar, seja você quem for, para iluminar os cantos mais ocultos da sua individualidade única.

O QUE SÃO EMOÇÕES?

O que são os seus pensamentos senão ondulações na superfície de um lago?

O que são as suas emoções, os seus estados de ânimo, os seus sentimentos?

O que é toda a sua mente? Só tumulto.

Por causa desse tumulto você não consegue perceber a sua própria natureza.

Você continua distante de si mesmo.

Você encontra todo mundo na vida e nunca encontra a si mesmo.

Você está com raiva, mas não pode continuar com raiva para sempre. Até o homem mais zangado do mundo dá risada de vez em quando; ele tem de dar.

> Até o homem mais triste do mundo sorri e até o homem que vive dando risada às vezes chora, soluça e deixa que as lágrimas escorram dos seus olhos.

Ficar com raiva não pode ser um estado permanente.

Até o homem mais triste do mundo sorri e até o homem que vive dando risada às vezes chora, soluça e deixa que as lágrimas escorram dos seus olhos

As emoções não podem durar para sempre. É por isso que elas se chamam "emoções". A palavra vem de "moção", movimento. Elas se movem; daí serem emoções. Você vive passando de emoção em emoção.

Neste momento você está triste, no outro está feliz; neste momento está zangado, no outro sente uma grande compaixão; neste momento está cheio de amor, no outro está cheio de ódio; a manhã estava bela, a noite está sombria. E segue assim.

O senso comum diz que o coração é a fonte de emoções como o ódio e a raiva. Assim como a mente é a fonte dos pensamentos conceituais, o coração é a fonte de tudo o que é emoção e sentimento. Isso é o que diz o senso comum.

Nós vivemos com essa divisão tradicional, achando que a imaginação, as emoções e os sentimentos vêm do coração.

Mas o coração é só um sistema de bombeamento. Tudo o que você pensa, imagina ou sente está contido na mente. A sua mente tem setecentos centros e eles controlam tudo.

Mas, quando Buda diz, "*coração*", ele está se referindo ao próprio centro do nosso ser. No seu modo de entender, o amor, o ódio, tudo, têm origem na mente. E eu acho que ele está sendo absolutamente científico; todos os psicólogos concordariam com ele.

Você pode fazer uma experiência com você mesmo. Pode ver de onde vem a sua raiva — vem da mente; de onde vêm as suas emoções — vem da mente.

A mente é um grande fenômeno; ela abrange o pensamento conceitual, os padrões emocionais, os sentimentos.

Isso tem de ficar bem claro: as emoções estão na sua cabeça, mas a consciência não está. Na verdade, a sua cabeça está na consciência!

A consciência é ampla, infinita. As emoções, os desejos, as ambições, estão todos na sua cabeça; eles vão acabar. Mas, quando a sua cabeça tiver parado de funcionar e desaparecido na terra, a sua consciência não terá desaparecido. Você não contém em si a consciência; a consciência contém você. Ela é maior do que você.

É a mais absoluta verdade: as suas emoções, os seus sentimentos, os seus pensamentos — toda parafernália da mente — vêm de fora, são manipulados pelo que está fora. Do ponto de vista científico, isso já ficou mais claro, mas, mesmo sem investigação científica, os místicos, há milhares de anos, dizem exatamente a mesma coisa — que nenhuma dessas coisas que existem na sua mente é sua; você está além delas. Você se identificou com elas, e esse é o único pecado que existe.

A mente é uma divisão que pensa e o coração é outra divisão dessa mesma mente, que sente. Sentimento e raciocínio, pensamentos e emoções... mas o ato de testemunhar está separado de ambos, do coração e da mente.

Se você está pensando, o observador observa... um pensamento lhe ocorre ou você está sentindo raiva — a testemunha continua observando.

Uma emoção está passando, assim como as nuvens passam e você as contempla.

Você não é nem o bem nem o mal. Nem o agradável nem o desagradável.

Nem o pensamento nem as emoções. Nem a mente nem o coração.

O amor sempre deixa você nervoso. Existem razões para isso. O amor vem do inconsciente e todas as suas capacidades estão no consciente; todas as suas habilidades, todo o seu conhecimento estão no consciente. O amor vem do inconsciente e você não sabe como lidar com ele, o que fazer com ele, e ele transborda. O inconsciente é nove vezes maior do que o consciente, por isso, qualquer coisa que venha do inconsciente é estrondoso. É por isso que as pessoas têm medo das emoções, dos sentimentos. Elas os reprimem, têm medo de que eles provoquem um caos; eles provocam, mas esse caos é belíssimo!

É preciso ordem e é preciso caos também. Quando for preciso ordem, use a ordem, use a mente consciente; quando for preciso caos, use o inconsciente e deixe que o caos se instale. A pessoa inteira, a pessoa completa é aquela que é capaz de usar ambos, que não deixa que o consciente interfira no inconsciente nem deixa que o inconsciente interfira no consciente.

Nós acreditamos na vida em sua totalidade, nos dias e nas noites, nos dias ensolarados e nos dias chuvosos. Acreditamos que tudo na vida pode ser desfrutado. Você só precisa de um pouco mais de consciência, perceber um pouco mais o que está acontecendo. Você não é a mente nem é o corpo.

Existe uma testemunha em algum lugar dentro de você que pode ficar observando a mente, as emoções, as reações psicológicas. Essa testemunha é você. E essa testemunha é capaz de desfrutar tudo, depois que você ficou centrado ali.

A sua mente sente a dor, o sofrimento; ela sente todos os tipos de emoção, apego, desejo e anseio, mas isso tudo é projeção da mente. Por trás da mente está o eu verdadeiro, que nunca vai a lugar nenhum. Ele está sempre aqui.

Se você está com raiva, então fique com raiva e não julgue, dizendo que isso é bom ou ruim. E esta é a diferença entre as emoções negativas e as positivas: se você tomar consciência de uma certa emoção e ela se dissipar quando você tomar consciência dela, é porque ela é negativa. Se, ao tomar consciência da emoção, você se tornar essa emoção, se essa emoção então se espalhar e se tornar o seu ser, ela é positiva. A consciência trabalha de forma diferente em cada um desses casos. Se for uma emoção venenosa, você se livra dela por meio da consciência. Se ela for benéfica, alegre, extasiante, você e ela se tornam uma coisa só.

A consciência se aprofunda. Então, para mim, este é o critério: se algo se aprofunda com a sua consciência, isso é bom. Se algo se dissipa com a sua consciência, isso é ruim. Tudo o que não pode ficar na consciência é pecado e tudo o que cresce na consciência é virtude. Virtude e pecado não são conceitos sociais, eles são realizações interiores.

Eu estou dizendo que até as emoções negativas são boas, se forem reais; e se elas são reais, pouco a pouco, a própria realidade delas as transforma.

Elas vão ficando cada vez mais positivas, até que chega um ponto em que toda a positividade e negatividade desapareçam.

Basta que você seja autêntico; você não sabe o que é bom ou ruim, não sabe o que é positivo nem o que é negativo. Seja simplesmente autêntico.

Essa autenticidade lhe possibilitará um vislumbre do real. Só o que é real pode conhecer o real, só a verdade pode conhecer a verdade, só o autêntico pode conhecer o autêntico que circunda você.

AS EMOÇÕES E O SENTIMENTALISMO

Emoção é pureza; sentimentalismo é truque. Você aprendeu um truque.

A mulher sabe que, se ela chorar, levará vantagem. Acontece que o choro às vezes não irrompe, porque o choro não é algo que se manipule com tanta facilidade. Mas a mulher tenta assim mesmo, ela faz uma encenação, ela finge. Suas lágrimas são falsas. Mesmo que escorram dos olhos dela, elas são falsas — porque não são espontâneas, são provocadas. O sentimentalismo é uma emoção que a pessoa provoca, manipula, com astúcia. Racionalidade é uma coisa; racionalização é a manipulação da razão, assim como o sentimentalismo é a manipulação da emoção.

Se você é racional, realmente racional, você vira um cientista. Se você é realmente emotivo, você vira um poeta. Essas coisas são maravilhosas. Mas, mesmo que o diálogo não seja possível, ele ficará mais fácil. Com a racionalização e o sentimentalismo, o diálogo é muito difícil, mas com a razão e a emoção, ele não é tão difícil. Mesmo que haja dificuldades, haverá compaixão, um esforço para compreender o outro.

Muitas pessoas acham que sentimentalismo é espiritualidade. As emoções são tão mentais quanto os pensamentos. E o que você chama de coração está na sua cabeça tanto quanto os seus pensamentos estão. Você pode ficar emotivo com muita facilidade. Você pode chorar e soluçar, deixando que lágrimas grandes como pérolas escorram dos seus olhos, mas isso nada tem de espiritual. As lágrimas são tão físicas quanto todo o resto. Os olhos fazem parte do corpo e as emoções são uma perturbação na energia física.

Você chora e soluça — claro que se sentirá aliviado, se sentirá relaxado depois de um bom choro. Ficará mais leve. E no mundo inteiro as mulheres sabem disso. Elas sabem muito bem que o choro ajuda. Elas choram, soluçam e se sentem aliviadas. Trata-se de uma catarse, mas não há nada de espiritual nesse choro. Mas as pessoas continuam confundindo as coisas — coisas que não

O Que São Emoções?

são espirituais elas continuam achando que são. A mente é treinada para expressar, o coração é ignorado. Então eu não posso concordar com Kahlil Gibran, escritor do livro *O Profeta*, no que diz respeito à contínua ênfase que ele dá ao coração. O coração é uma estação intermediária, não é o terminal. O terminal é o seu ser; é ali o fim da linha, pois não há mais nenhum outro lugar para ir.

REPRESSÃO E CONTROLE

Você pode chorar e soluçar, deixando que lágrimas grandes como pérolas escorram dos seus olhos, mas isso nada tem de espiritual. As lágrimas são tão físicas quanto todo o resto.

Você nunca vê animais indo para a guerra. É claro que eles brigam às vezes, mas são brigas individuais — não são guerras mundiais, com todas as gralhas do Oriente se voltando contra todas as gralhas do Ocidente ou todos os cães da Índia se voltando contra todos os cães do Paquistão. Não se trata disso. Os cães não são tolos, assim como as gralhas também não são.

Sim, às vezes eles brigam, e não há nada de errado nisso. Se a liberdade deles é desrespeitada, eles brigam, mas a briga é individual. Não se trata de uma guerra mundial. Mas, e você, o que faz? Você reprime a humanidade e não deixa que as pessoas fiquem com raiva às vezes — o que é natural.

O resultado de tudo isso é que todo mundo continua acumulando raiva, continua reprimindo a raiva; então chega um dia em que todo mundo está cheio de veneno e isso explode numa guerra mundial.

A cada dez anos é preciso que haja uma guerra mundial. E quem é responsável por essas guerras? Os seus supostos santos e moralistas, benfeitores, as pessoas que nunca deixaram que você fosse natural.

O que é repressão?

Repressão é viver uma vida que você não estava destinado a viver.

Repressão é fazer coisas que você nunca quis fazer.

Repressão é ser o sujeito que você não é.

Repressão é um jeito de destruir a si mesmo.

Repressão é suicídio — um suicídio muito lento, é claro, mas é um envenenamento lento e mortal.

A expressão é vida; a repressão é suicídio.

Por quê?

Por que o homem se reprime tanto e fica doente?

Porque a sociedade ensina que ele tem de se controlar, em vez de se transformar, e o caminho da transformação é completamente diferente.

Por um motivo: ele não é o caminho do controle. É justamente o oposto disso.

A repressão faz com que a mente fique dividida. A parte que você aceita se torna o consciente e a parte que você nega se torna o inconsciente.

Essa divisão não é natural, a divisão acontece por causa da repressão. E, no inconsciente, você continua jogando todo o lixo que a sociedade rejeita — mas, lembre-se, seja o que for que você jogue lá, fica cada vez mais impregnado em você. Vai para as suas mãos, para os seus ossos, para o seu sangue, para o pulsar do seu coração.

Agora os psicólogos dizem que quase oitenta por cento das doenças são causadas pelas emoções reprimidas; muitos ataques do coração acontecem porque tanta raiva foi reprimida no coração, tanto ódio foi reprimido, que o coração fica envenenado.

Primeira coisa: ao controlar, você reprime.

Na transformação, você expressa.

Mas não há necessidade de descarregar suas emoções sobre alguém, pois esse "alguém" é simplesmente irrelevante. Da próxima vez que você sentir raiva, dê sete voltas correndo em torno da sua casa e depois sente-se sob uma árvore e observe para onde foi a raiva. Você não a reprimiu, não a controlou, não a descarregou em cima de ninguém — pois, se a descarregasse, você acabaria por criar um círculo vicioso, porque a outra pessoa é tão tola quanto você, é tão inconsciente quanto você.

Ela jogaria mais raiva sobre você, pois é tão reprimida quanto você é.

Isso criaria um círculo vicioso: ela descarregando a raiva sobre você e você descarregando a raiva sobre ela; e vocês virariam inimigos.

Não despeje a raiva sobre ninguém. Faça o que você faz quando tem vontade de vomitar. Você não sai por aí vomitando sobre as pessoas.

A raiva precisa do vômito. Você vai ao banheiro e vomita! Isso limpa o corpo todo — se você reprime o vômito, será perigoso; quando vomita, você se sente revigorado, aliviado, leve, bem e saudável. Havia algo errado com a comida que você comeu e o corpo a rejeitou. Não continue forçando-a a ficar dentro de você. A raiva é só um vômito mental. Havia alguma coisa errada com algo que havia dentro de você e todo o seu ser psíquico despejou isso para fora, mas não há por que despejar tudo sobre alguém.

Como as pessoas jogam a raiva sobre os outros, a sociedade diz para que elas a controlem.

Sempre que você é espontâneo, isso indica que você não está agindo de acordo com uma idéia preconcebida. Na verdade, você não estava pronto, preparado, para fazer nada; a ação surgiu como uma resposta, naturalmente.

Você tem de entender essas palavras. Primeiro a distinção entre reação e resposta. A reação é dominada pela outra pessoa. Ela insulta você, você fica com raiva e então age levado por essa raiva. Isso é uma reação. Você não é uma pessoa independente; as pessoas podem fazer o que querem de você. Você é facilmente afetado; pode ser alvo de chantagem emocional. A reação é uma chantagem emocional. Você não estava com raiva. A pessoa insultou você e esse insulto o fez ficar com raiva; levado pela raiva, você toma uma atitude. A resposta nasce da liberdade. Ela não depende de outra pessoa. A outra pessoa pode insultar você, mas você não fica com raiva; pelo contrário, você medita sobre o fato — por que ela está insultando você? Talvez ela esteja certa. Então você sente

A pessoa que nunca fica com raiva, e vive controlando a raiva, é muito perigosa. Cuidado com ela; ela pode matar você.

gratidão por ela, não raiva. Talvez ela esteja errada. Se ela está errada, então por que você deveria fazer o seu coração arder de raiva?

As emoções não vão ajudar você a se tornar uma individualidade integrada.

Elas não vão dar a você uma alma de granito. Você continuará sendo como um pedaço de madeira morta, sendo levada pela corrente, sem saber por quê.

As emoções cegam o homem assim como o álcool. Elas podem ter nomes bonitos como amor, podem ter nomes feios como raiva, mas de vez em quando você precisa ficar com raiva de alguém, isso lhe dá alívio.

Na Índia, você às vezes vê cães copulando na rua e as pessoas atirando pedras neles. Ora, essas pobres criaturas não estão fazendo mal a ninguém; estão realizando um ritual biológico, assim como você o realiza — os cães só não estão escondidos na casa deles — e fazem muito bem. Uma multidão se reúne à volta deles e jogam pedras, batem neles... que comportamento estranho! As pessoas precisam ficar com raiva de vez em quando, assim como precisam fazer sexo de vez em quando ou odiar alguém de vez em quando.

Viva, dance, coma, durma, faça tudo da maneira mais total possível. E nunca se esqueça: sempre que se pegar criando um problema, saia dele imediatamente. Depois que se tem um problema, é preciso achar uma solução.

E, mesmo que se ache uma solução, essa solução só dará origem a milhares de outros problemas. Depois que tropeça no primeiro passo, você cai numa armadilha. Sempre que perceber que está criando um problema, dê um passo para trás, corra, salte, dance, mas não crie problema. Faça algo imediatamente, de modo que a energia que está criando o problema fique fluida, descongele, derreta, volte para o cosmos.

A pessoa que nunca fica com raiva, e vive controlando a raiva, é muito perigosa. Cuidado com ela; ela pode matar você. Se o seu marido nunca fica com raiva, delate-o para a polícia. O marido que às vezes fica com raiva é só um ser humano natural, não há o que temer.

O marido que nunca fica com raiva um dia pulará no seu pescoço e sufocará você. E ele fará isso como se estivesse possuído. Há eras os assassinos dizem nos tribunais, "Cometi o crime porque estava possuído".

Quem os estava possuindo?

Seu próprio inconsciente, seu inconsciente reprimido que explodiu.

A sensibilidade se desenvolve com a consciência. O controle deixa você entorpecido e morto — isso faz parte do mecanismo de controle; se você fica entorpecido e morto, nada afeta você. É como se o corpo virasse uma cidadela, um forte. Nada afeta você, nem o insulto nem o amor. Mas esse controle tem um preço alto, um preço desnecessário; ele se torna uma tarefa para a vida inteira: como se controlar? — mas aí você morre! O esforço para se controlar requer toda a sua energia, e então você simplesmente morre. E a vida vira uma coisa entorpecida e morta; você consegue arrastá-la de algum jeito.

A sociedade ensina a você o controle e a condenação, pois a criança só vai controlar algo se ela acha que isso é condenável.

A mente pode jogar o jogo de ficar silenciosa; pode jogar o jogo de ficar sem pensamentos, sem emoções, mas eles estão sendo apenas reprimidos.

Eles continuam vivos, prontos para aparecer a qualquer momento. As chamadas religiões e os seus santos caíram na falácia de silenciar a mente.

Se você se acostumar a se sentar em silêncio, tentando controlar os pensamentos, não deixando que as emoções aflorem, não deixando que haja nenhum movimento dentro de você, devagarinho isso vai se tornando um hábito.

Essa é a maior peça que você pode pregar em si mesmo, pois tudo fica exatamente igual, nada muda, mas parece que você passou por uma transformação.

A RAIVA

Se você quer realmente saber o que é raiva, sinta-a, medite sobre ela, sinta o gosto que ela tem de muitas formas diferentes, deixe que ela aflore dentro de você, deixe-se envolver por ela, ser anuviado por ela, sinta toda a agonia, dor e aflição que ela causa, e o veneno, e como ela deprime você, cria um vale escuro em seu ser. Sinta como ela o leva para o inferno, como um fluxo descendente. Sinta, conheça a raiva. E esse entendimento começará a provocar uma transformação em você. Quando conhece a verdade, você é transformado.

A verdade liberta, mas é preciso que seja a sua verdade.

O que é a raiva?

A psicologia da raiva consiste no fato de que você queria algo e alguém impediu você de conseguir isso.

> Mergulhe mais fundo ainda, vá mais para dentro, aprofunde-se até chegar a um ponto em que não exista raiva.

Alguém se tornou um bloqueio, um obstáculo. Toda a sua energia estava fluindo para conseguir algo e alguém bloqueou essa energia. Você não conseguiu o que queria. Agora essa energia frustrada vira raiva — raiva da pessoa que acabou com a possibilidade de você realizar o seu desejo.

A sua raiva é verdadeira, pois ela pertence a você; tudo o que pertence a você é verdadeiro. Então encontre a fonte dessa raiva, saiba de onde ela vem. Feche os olhos e volte-se para dentro; antes que a raiva se perca, volte-se para a fonte — e você chegará no vazio.

Mergulhe mais fundo ainda, vá mais para dentro, aprofunde-se até chegar a um ponto em que não exista raiva. Lá dentro, no centro, não existe raiva.

De onde vem a raiva?

Ela nunca vem do centro, ela vem do ego — e o ego é uma entidade falsa.

Se mergulhar mais fundo, você descobrirá que ela vem da periferia, não do centro. Ela não pode vir do centro; o centro é vazio, absolutamente vazio.

A raiva vem apenas do ego. E o ego é uma entidade falsa criada pela sociedade; ele é uma relatividade, uma identidade. De repente você leva um tapa, isso fere o seu ego e surge a raiva. Você é a raiva em pessoa, porque reprimiu tanto a raiva que não existem mais momentos em que não esteja com raiva; no máximo, há momentos em que fica com menos raiva e outros em que fica com mais.

Da próxima vez que fizer amor, observe: você faz os mesmos movimentos que faz quando está sendo agressivo.

Todo o seu ser foi envenenado pela repressão. Você come com raiva — e quando a pessoa come sem raiva, esse ato tem um caráter diferente; é algo bonito de se ver, porque ela não come de um jeito violento.

Ela pode estar comendo carne, mas ela não come de um jeito violento; você pode estar comendo apenas frutas e verduras, mas se a raiva é reprimida, você come com violência.

Só de comer, os seus dentes, a sua boca descarregam a raiva. Você tritura a comida como se ela fosse sua inimiga.

Da próxima vez que fizer amor, observe: você faz os mesmos movimentos que faz quando está sendo agressivo. Observe o seu rosto, deixe um espelho por perto para que possa ver o que acontece com o seu rosto!

Todas as distorções da raiva e da agressividade estão estampadas ali.

Ao mastigar a comida, você fica com raiva: olhe uma pessoa comendo. Olhe uma pessoa fazendo amor — a raiva está tão arraigada que até o amor, uma atividade totalmente contrária à raiva, até ele está envenenado; comer, uma atividade absolutamente neutra, até isso está envenenado. Então basta que você abra a porta para que exista raiva, que coloque um livro sobre a mesa para que exista raiva, que tire os sapatos para que exista raiva, aperte a mão de alguém para que exista raiva — porque você passou a ser a personificação da raiva.

Se você quer conhecer a raiva apenas para se livrar dela, é muito difícil, pois a atitude de se livrar dela causa uma diferenciação. Você começou a pressupor que a raiva seja ruim e a "ausência de raiva" seja algo bom; que o sexo seja ruim e a "falta de sexualidade" seja algo bom; que a ganância seja ruim e que a "falta de ganância" seja algo bom; se você fizer essas diferenciações, passará a ter muitas dificuldades para conhecer essas características na realidade. Então, mesmo que supere tudo isso, não passará de uma repressão. Basta um ato de espontaneidade autêntica para que você seja imediatamente transportado deste mundo para o outro.

O amor — ou até mesmo a raiva... digo a você que até mesmo as emoções positivas, são falsas, vis; e até as emoções negativas são autênticas, belas.

Até a raiva é bela se todo o seu ser puder senti-la, se cada fibra do seu corpo vibrar com ela.

Olhe uma criança pequena zangada — e você sentirá a beleza da raiva. Todo o seu ser está com raiva. Radiante. O rosto dela está vermelho. Uma criança pequena com raiva aparenta tanto poder que parece capaz de destruir o mundo! E o que acontece com a criancinha depois que ela fica com raiva? Depois de alguns minutos, de alguns segundos, tudo mudou e ela está feliz, dançando e correndo pela casa outra vez. Por que isso não acontece com você? Porque você passa de uma falsidade para outra.

Na realidade, a raiva não é um fenômeno duradouro. Por sua própria natureza, ela é uma coisa momentânea. Se a raiva é de verdade, ela só dura alguns instantes; e, enquanto dura, se for autêntica, ela é bela. Ela não machuca ninguém. Uma coisa espontânea e verdadeira não pode machucar ninguém. Só o falso machuca. Num homem que pode expressar a raiva com espontaneidade, a maré muda depois de alguns segundos e ele fica absolutamente relaxado no outro extremo. Ele se torna infinitamente amoroso. Do contrário, ele fica alimentando a raiva, revigorando-a.

A primeira coisa que eu sugiro é: não se divida em dois. Eu sugeriria que você ficasse atento, mas essa hora ainda não chegou, nem pode chegar. Antes que fique absolutamente atento, você tem de atravessar o inferno de todas as emoções negativas; do contrário elas ficarão reprimidas e irromperão a qualquer hora, num momento de fraqueza. Então é melhor se livrar delas. Mas se livrar delas não significa que você tenha de ficar atento. Primeiro, esqueça essa coisa de ficar atento. Viva cada emoção que sentir; ela é você. Ódio, vileza, desmerecimento..., seja o que for, sinta isso de verdade. Primeiro dê à emoção a chance de aflorar totalmente no consciente.

Neste exato momento, com o esforço de ficar atento, você está reprimindo as emoções no inconsciente. E então você se ocupa das atividades do dia-a-dia e as obriga a ficar no inconsciente. Não é esse o jeito de se livrar delas.

Deixe que elas venham à tona — viva essas emoções, sofra com elas. Será difícil e aborrecido, mas imensamente gratificante. Depois que tiver vivido essas emoções, sofrido com elas, aceite-as, aceite que elas são você, que não foi você que se fez assim, então não precisa se condenar por isso, que é assim que você se encontra agora — depois que as viveu de modo consciente, sem nenhuma repressão, você ficará surpreso ao perceber que elas desapareceram por conta própria. A força que elas exercem sobre você ficou menor, elas já não o sufocam tanto. E, quando elas vão embora, pode ser que você comece a ficar mais atento.

Mas não me entenda mal. Eu disse, "Expresse as suas emoções negativas"; eu não disse, "publicamente". É assim que se distorcem as coisas. Ora, se você fica com raiva de alguém e começa a expressar a sua raiva, a outra pessoa, enquanto isso, não vai ficar como Gautama Buda, sentada sem dizer nada. Ela não é uma estátua de mármore; ela também fará alguma coisa. Você expressará a raiva e ela fará o mesmo. Isso aumentará a raiva em você — e a raiva e a violência provocam o mesmo na outra pessoa, com mais impetuosidade ainda. E aí você mergulhará cada vez mais nessa raiva porque lhe disseram para expressá-la. Sim, eu disse para você expressá-la — mas não disse publicamente. Se você está com raiva, vá para o seu quarto, feche a porta, bata no travesseiro, fique diante do espelho e grite para a sua própria imagem, diga coisas que você nunca diria a ninguém, mas sempre quis dizer. Mas isso tem de ser um fenômeno particular, do contrário não tem fim. As coisas ficam girando em círculos e nós queremos que elas tenham um fim. Portanto, no momento em que sentir qualquer emoção negativa com relação a alguém, saiba que a outra pessoa não é o x da questão.

Não há necessidade nenhuma de descarregar a raiva em alguém. Você pode ir ao banheiro, pode fazer uma longa caminhada — isso significa que há algo dentro de você que requer uma atividade rápida para que você se sinta aliviado. Basta fazer uma corrida cadenciada para que você sinta alívio.

Com uma catarse de cinco minutos, todo o peso sairá das suas costas e, depois que você souber disso, nunca mais descarregará a raiva em cima de ninguém, porque isso é pura bobagem.

A raiva é bela; o sexo é belo. Mas coisas belas podem ficar feias. Isso depende de você. Se você as condenar, elas ficarão feias; se você as transformar, elas se tornarão divinas. A raiva transformada se torna compaixão — porque a energia é a mesma. Um Buda é compassivo; de onde vem essa compaixão? Trata-se da mesma energia que era despendida durante a raiva; agora ela não é mais despendida em raiva, a mesma energia é transformada em compaixão. De onde vem o amor? Um Buda é amoroso; Jesus é amor. A mesma energia despendida no sexo torna-se amor.

Então, lembre-se, se você condena um fenômeno natural, ele se torna venenoso, ele destrói você, passa a ser destrutivo e suicida. Se você o transforma, ele se torna divino. Mas a transformação é necessária.

As pessoas supostamente "não-violentas" são as mais vis deste mundo.

Elas não são boas, porque elas têm dentro de si um vulcão. Você não consegue se sentir à vontade perto delas. Existe algo de perigoso no ar. Você pode sentir, pode até tocar; isso exala delas.

A sua raiva é parcial, morna. A sua raiva é como um cão que não sabe ao certo como se comportar com um estranho. Ele pode ser um amigo do dono, então ele abana o rabo; ele pode ser um inimigo, então ele late. Ele faz as duas coisas. Por um lado ele late e, por outro, abana o rabo. Ele está bancando o diplomata, para que possa sentir que está certo, seja qual for o caso. Se o dono se aproximar e ele perceber que está com uma aparência amigável, o cão pára de latir e toda a sua energia vai para o rabo.

Se o dono estiver nervoso com o intruso, ele pára imediatamente de abanar o rabo e toda a sua energia vai para o latido. A nossa raiva também é assim. Se você está calculando até que ponto pode ir, como ir à desforra, não ultrapasse os limites, não provoque demais a outra pessoa. A raiva pura tem a sua beleza, pois ela tem uma totalidade.

Foi isso o que aconteceu com Jesus. Quando ele foi ao grande templo e viu os vendilhões e suas bancadas dentro do templo, ele ficou furioso. Ficou com raiva — a mesma raiva que nasce da compaixão e do amor. Sozinho, ele expulsou todos os vendilhões do templo e virou suas bancadas.

Ele deve ter ficado com muita raiva mesmo, pois expulsar sozinho todos os vendilhões do templo não é tarefa fácil.

Ele deve ter ficado absolutamente furioso! Os indianos ficam zangados com isso. Só por causa desse episódio, eles não confiam que Jesus seja uma pessoa iluminada. As pessoas têm seus preconceitos, suas idéias. Em vez de ver a realidade, em vez de observar um homem iluminado, elas já vêm com tantos conceitos que, a menos que ele se encaixe nesses conceitos, elas não acreditam que ele seja iluminado. E vou lhe dizer uma coisa, nenhuma pessoa iluminada vai se encaixar nos seus preconceitos pouco iluminados; isso é impossível.

A RAIVA E A TRISTEZA SÃO A MESMA COISA

A tristeza é uma raiva passiva e a raiva é uma tristeza ativa. Pois a tristeza brota com facilidade e a raiva parece difícil. Pois você está muito sintonizado com o passivo. A pessoa triste acha difícil ficar com raiva.

Se você conseguir deixar a pessoa triste com raiva, a tristeza desaparecerá no mesmo instante. A pessoa com raiva acha muito difícil ficar triste.

Se você conseguir deixá-la triste, a raiva desaparecerá no mesmo instante.

A Raiva

Em todas as nossas emoções, a polaridade básica continua existindo — a do homem e a mulher, a do yin e yang, a do masculino e feminino. A raiva é masculina, a tristeza é feminina. Por isso, se você está em sintonia com a tristeza, será difícil mudá-la para a raiva, mas eu gostaria que você fizesse essa mudança. Mas não vai adiantar só explodir por dentro, pois você continuará procurando um jeito de ser passivo. Não. Extravase a emoção, expresse-a. Mesmo que pareça uma besteira, faça isso. Seja um bufão aos seus próprios olhos, mas extravase a emoção.

Se você conseguir flutuar entre a raiva e a tristeza, as duas vão ficar fáceis.

Você conseguirá uma transcendência e poderá só observar. Você pode ficar parado nos bastidores e observar esses jogos e ir além deles. Mas primeiro será preciso que você consiga passar facilmente de um para o outro, do contrário sua tendência será ficar triste e, quando a pessoa está assim, a transcendência fica difícil.

Lembre-se, quando duas energias, energias opostas, existem em proporções iguais, é muito fácil livrar-se

A pessoa com raiva acha muito difícil ficar triste.
Se você conseguir deixá-la triste, a raiva desaparecerá no mesmo instante.

delas, pois elas brigam e neutralizam uma à outra e você não fica nas garras de ninguém. A sua tristeza e a sua raiva existem na mesma proporção, são energias iguais, então elas neutralizam uma à outra. De repente você fica livre e consegue se desvencilhar.

Mas se setenta por cento é tristeza e trinta por cento é raiva, vai ser muito difícil. Trinta por cento de raiva em contraste com setenta por cento de tristeza significa que haverá quarenta por cento a mais de tristeza e assim não será possível; você não conseguirá se desvencilhar com tanta facilidade. Os quarenta por cento vão pesar.

Essa, portanto, é uma das leis básicas das energias interiores — sempre deixe que as polaridades cheguem a um equilíbrio; assim você conseguirá se desvencilhar delas. É como se duas pessoas brigassem e você conseguisse escapulir. Elas estão tão ocupadas uma com a outra que você não precisa se preocupar; pode fugir calmamente. Não deixe que a mente interfira. Simplesmente faça esse exercício. Você pode fazer dele um exercício diário.

Seja qual for o caso, essa é a realidade. Aceite-a e deixe que ela se apresente — deixe que ela fique diante de você. Na verdade, não basta dizer para você não reprimi-la. Se me permite, eu gostaria de sugerir que você a trate como uma amiga. Você está triste? Trate a tristeza como uma amiga.

Tenha compaixão por ela. A tristeza também é um ser. Consinta que ela exista, abrace-a, sente-se com ela, dê-lhe as mãos. Trate-a como uma amiga. Tenha amor por ela. A tristeza é bela! Não há nada de errado com ela. Quem disse que você não pode ficar triste? Na verdade, só a tristeza dá a você profundidade. A risada é superficial; a felicidade é superficial. A tristeza vai até os ossos, até a medula. Não existe nada tão profundo quanto a tristeza. Então não se preocupe. Fique com ela e a tristeza o levará para o seu âmago mais profundo. Você pode cavalgar essa tristeza e conhecer algumas coisas novas sobre o seu próprio ser. Essas coisas só podem se revelar num estado de tristeza; nunca podem ser reveladas num estado de felicidade. A escuridão também é boa e também é divina. Não só o dia pertence a Deus, a noite também. Eu chamo isso de atitude religiosa.

Deixe tudo de lado e sente-se sob uma árvore; assim não será difícil ficar feliz — qualquer um se sentiria assim.

Sem nada para fazer, você pode ser uma pessoa desprendida; com tudo para fazer, você fica apegado. Mas, quando você faz tudo e continua desapegado, quando você segue a multidão — fica no mundo e mesmo assim continua sozinho —, algo de verdadeiro acontece.

Se você não sente raiva quando está sozinho, isso não importa. Se está sozinho, você não sentirá raiva, pois a raiva é um relacionamento, ela precisa de alguém a quem atacar. A menos que enlouqueça, você não vai sentir raiva quando está sozinho; ela existirá dentro de você, mas não vai encontrar um modo de se extravasar.

Se o outro está presente, aí sim, é importante não ter raiva. Se você não tem dinheiro, nenhum bem, nenhuma casa onde morar — qual é a dificuldade de ser uma pessoa desprendida? Mas, se você tem tudo e continua sendo desprendido — um mendigo num palácio –, então atingiu algo muito profundo.

Se você se mudar para o Himalaia e for uma pessoa desprendida, você é uma nota musical apenas; se você vive no mundo e é apegado, ainda assim você é só uma nota musical. Mas, se você está no mundo e além dele, e carrega o Himalaia no coração, você é uma sinfonia, não apenas uma nota.

Soa um acorde, incluindo todas as notas dissonantes, uma síntese dos opostos, uma ponte entre duas margens. E o apogeu só é possível se a vida for mais complexa; só na complexidade atinge-se o apogeu.

O interior funciona como um projetor; os outros passam a ser telas e você começa a ver nos outros o que, na verdade, você mesmo é.

Quando você vir raiva nas outras pessoas, mergulhe dentro de si mesmo e você descobrirá raiva ali; se você vir um ego muito grande nos outros, basta que se volte para o seu mundo interior para que encontre o ego instalado ali. O interior funciona como um projetor; os outros passam a ser telas e você começa a ver nos outros o que, na verdade, você mesmo é.

O único problema com a tristeza, com o desespero, com a raiva, com a falta de esperança, com a ansiedade, com a angústia, com a infelicidade, é que você quer se livrar dessas emoções. Essa é a única barreira.

Você terá de conviver com elas. Não pode fugir, simplesmente.

Elas são situações nas quais a vida tem de se integrar e crescer. São desafios da vida. Aceite-as. Elas são bênçãos disfarçadas. Se quiser fugir delas, se quiser se livrar delas de algum jeito, você criará problema — pois, quando quer fugir delas, você não olha para elas diretamente.

Uma estrela da Broadway estava visitando alguns amigos quando, como de costume, a conversa começou a girar em torno da psiquiatria. "Devo dizer", disse a anfitriã, "que o meu analista é o melhor que existe! Você não pode imaginar o que ele fez por mim. Você tem de conhecê-lo".

"Mas eu não preciso de analista", disse a estrela. "Eu não poderia ser mais normal — não há nada de errado comigo". "Mas ele é simplesmente fabuloso", insistiu a amiga, "ele encontrará alguma coisa errada em você".

Existem pessoas que sempre encontrarão alguma coisa errada em você. O segredo da profissão delas é descobrir o que há de errado em você. Elas não podem aceitá-lo como você é; elas dão a você ideais, idéias, ideologias, e farão com que se sinta culpado, uma pessoa imprestável, sórdida. Elas farão com que você se sinta tão condenável, aos seus próprios olhos, que você esquecerá tudo sobre liberdade.

Na verdade, você passará a ter medo da liberdade, pois verá o quanto você era ruim, o quanto estava errado — e, se for livre, você acabará fazendo alguma coisa errada, então é melhor seguir alguém. O padre depende disso, o político também. Eles mostram a você o certo e o errado, idéias fixas, e então você passa a viver com culpa para sempre.

Eu digo a você: Não existe nada que seja certo e nada que seja errado.

Se você está com raiva, o padre lhe dirá que isso não está certo, você não pode ficar com raiva. O que você faz, então? Você pode reprimir a raiva, sentar-se sobre ela, engoli-la, literalmente, mas ela continuará com você, no seu organismo. Engula a raiva e você terá úlceras no estômago; engula a raiva e, mais cedo ou mais tarde, você terá câncer. Engula a raiva e você criará um milhão de problemas, porque a raiva é venenosa. Mas o que você faz? Se está errado, você engole.

Eu não digo que a raiva seja errada, eu digo que raiva é energia — energia pura, uma bela energia. Quando ela irromper, preste atenção e veja um milagre acontecendo. Quando ela irromper, preste atenção e, se fizer isso, ficará surpreso; você terá uma surpresa — a maior da sua vida: descobrirá que, se prestar atenção nela, ela desaparece. A raiva é transformada. Ela vira energia pura; vira compaixão, vira perdão, vira amor. E você não precisa reprimi-la, por isso não terá de levar consigo esse veneno. E você não ficará com raiva, por isso não ofenderá ninguém. Ambos estão salvos: o outro, o objeto da sua raiva, e você mesmo. No passado, ou o objeto da raiva estaria sofrendo ou então você.

O que eu estou dizendo é que não é preciso que ninguém sofra. Basta que você preste atenção, fique consciente. A raiva surgirá e será consumida pela consciência. A pessoa não pode ter raiva se está consciente, não pode ter ganância se está consciente e não pode ter inveja se está consciente. A consciência é a chave de ouro.

Procure entender por que a emoção aflorou, de onde ela está vindo, quais são as suas raízes, como ela acontece, como ela funciona, como ela domina você, como você enlouquece quando tem raiva. A raiva já aconteceu antes e está acontecendo agora, mas acrescente um elemento novo a essa raiva — a compreensão — e ela mudará de figura.

Então, pouco a pouco, você perceberá que, à medida que essa compreensão aumenta, a raiva fica menos freqüente. E, quando você entendê-la perfeitamente, ela desaparecerá. A compreensão é como o calor. Quando o calor atinge um certo ponto — cem graus — a água evapora.

Dizem que a raiva é ruim. Todo mundo lhe diz que a raiva é ruim, mas ninguém lhe diz como saber o que é a raiva.

Todo mundo diz que sexo é ruim. Eles continuam ensinando que sexo é ruim, e ninguém diz o que ele é e como conhecê-lo. Pergunte ao seu pai e ele ficará pouco à vontade. Dirá, "Eu não falo sobre essas coisas sórdidas!"

Mas "essas coisas sórdidas" são fatos. Nem o seu pai conseguiu escapar delas; do contrário você não teria nascido.

Você é um fato nu e cru. E não importa o que o seu pai diga sobre sexo, ele não conseguiu fugir dele. Mas ele se sente muito pouco à vontade se você perguntar a respeito, pois jamais alguém falou sobre isso com ele.

> Dizem que a raiva é ruim. Todo mundo lhe diz que a raiva é ruim, mas ninguém lhe diz como saber o que é a raiva.

Os pais dele nunca lhe disseram por que o sexo é ruim.

Por quê? E como conhecer o sexo? E como conhecê-lo a fundo?

Ninguém dirá nada a você, eles simplesmente continuarão rotulando as coisas: isto é bom e aquilo é ruim. Esses rótulos criam o sofrimento e o inferno.

Portanto, é preciso lembrar uma coisa: Todo buscador, todo buscador de verdade, tem de entender uma coisa básica: fique com os fatos, procure conhecê-los. Não deixe que a sociedade force nenhuma ideologia sobre você.

Não olhe para si mesmo através dos olhos dos outros. Você tem olhos; você não é cego. E você tem os fatos da sua vida interior.

Use os seus olhos! É isso que significa reflexão. Se você refletir, isso não será um problema.

Volte-se para si mesmo sem nenhum preconceito, sem nenhuma suposição e olhe a sua raiva. Deixe que a sua raiva lhe revele o que ela é. Não imponha sobre ela as suas suposições. E se, todos os dias, você descobrir a raiva na sua completa nudez, no que ela tem de hediondo, de ardência, de virulência, você acabará percebendo que conseguiu sair dela. A raiva se desvaneceu!

Qualquer tendência pode ser tratada desse modo — não importa qual.

O processo é o mesmo, pois a doença é a mesma, só os nomes são diferentes.

POR QUE AS PESSOAS FICAM COM RAIVA DE VOCÊ?

Elas não ficam com raiva de você, na verdade elas têm medo de você. E para esconder esse medo elas projetam a raiva.

A raiva sempre é uma tentativa de esconder o medo. As pessoas usam todo tipo de estratégia.

Existem pessoas que riem só para que possam conter as lágrimas. Quando ri, você esquece, elas esquecem... e as lágrimas são contidas.

Na raiva, o medo permanece oculto.

> A raiva sempre é uma tentativa de esconder o medo. As pessoas usam todo tipo de estratégia.

Eu estou simplesmente ajudando você a se abrir em todas as dimensões, mesmo que elas pareçam ir contra as idéias que você acalentou até hoje. Mesmo assim, na verdade até mais, você se abrirá, porque essa é a chance, a oportunidade, para julgar se o que você pensou até hoje está certo ou não. Essa é uma oportunidade de ouro em que você se deparará com algo contrário às suas idéias, aos seus pensamentos, coisas que até hoje você achou que eram racionais. Mas, se elas são de fato racionais, então que medo é esse?

É o medo que mantém as pessoas fechadas. Elas não conseguem ouvir você — elas têm medo de ouvir. E a raiva delas é, na verdade, o medo ao contrário. Só uma pessoa com muito medo pode ficar imediatamente zangada. Se ela não ficar com raiva, você poderá ver o medo dela. A raiva encobre o medo. Ao ficar com raiva, ela está querendo deixar você com medo: antes que você forme qualquer idéia sobre o medo dela, ela está tentando deixar você com medo. O único jeito é deixar você com medo; aí ela fica à vontade. Você fica com medo e ela não — e não há por que ficar com medo de um homem que está com medo.

A raiva das pessoas é uma tentativa de enganar a si próprias. Não tem nada a ver com você.

Mas a raiva mostra simplesmente o medo, lembre-se sempre: a raiva é o medo de ponta-cabeça. É sempre o medo que está escondido atrás da raiva; o medo é o outro lado da raiva. Sempre que você fica com medo, o único jeito de escondê-lo é ficar com raiva, pois o medo deixará você exposto. A raiva criará uma cortina à sua volta, atrás da qual você pode se esconder.

A INVEJA E O CIÚME

O QUE É A INVEJA E POR QUE ELA MACHUCA TANTO?

A inveja é a comparação. E nós somos ensinados a comparar, fomos condicionados a comparar, a sempre comparar. Outra pessoa tem uma casa melhor, tem um corpo mais bonito, tem mais dinheiro, tem uma personalidade mais carismática. Compare, continue se comparando com todo mundo e vai haver inveja; a inveja é uma conseqüência do condicionamento para que você se compare.

Se você parar de fazer comparações, a inveja desaparecerá.

> A comparação é uma atitude extremamente tola, porque cada pessoa é única e incomparável. Depois que você entende isso, a inveja desaparece.

Então você simplesmente saberá que você é você mesmo e mais ninguém e que não é preciso se comparar. É bom que você não se compare às árvores, do contrário começará a ter muita inveja: por que você não é verde? E por que Deus tem sido tão duro com você — e nenhuma flor? É melhor que você não se compare aos pássaros, aos rios, às montanhas; do contrário você sofrerá. Você só se compara com seres humanos, porque foi condicionado a só se comparar com seres humanos; você não se compara com os pavões ou com os papagaios. Do contrário, a sua inveja ficaria maior ainda: você ficaria tão cheio de inveja que não conseguiria nem viver.

A comparação é uma atitude extremamente tola, porque cada pessoa é única e incomparável. Depois que você entende isso, a inveja desaparece.

Cada pessoa é única e incomparável. Você é só você mesmo: nunca houve ninguém como você antes, e nunca haverá. E você também não precisa ser igual a ninguém.

Deus só criou originais; ele não acredita em cópias.

A sociedade explora o indivíduo de tantas maneiras que é quase impossível acreditar. Ela criou artifícios tão inteligentes e ardilosos que é quase impossível perceber que se trata de artifícios.

Esses artifícios servem para explorar o indivíduo, para destruir a sua integridade, tirar dele tudo o que ele conseguiu — sem que ele nem sequer suspeite, sem que ele não tenha nem sequer dúvida com relação ao que lhe fizeram.

A inveja é um desses artifícios extremamente poderosos. Desde a mais tenra infância, toda sociedade, toda cultura, toda religião ensina todo mundo a se comparar.

A inveja é um dos maiores artifícios que existem. Olhe bem de perto para ela; o que ela significa? Significa viver se comparando. Uma pessoa é mais alta do que você, outra é mais baixa. Você está sempre num degrau mediano da escada. Talvez a escada seja em círculo, porque ninguém consegue chegar no final dela. Todo mundo está empacado no meio, todo mundo está no meio. A escada parece ser uma roda. Uma pessoa está acima de você — isso dói. Faz com que você viva brigando, lutando, avançando de todas as maneiras possíveis, porque, se atingir o sucesso, ninguém se importa se você chegou lá da maneira certa ou errada.

O sucesso prova que você está certo; o fracasso prova que você está errado.

Tudo o que interessa é o sucesso, portanto, não importam os meios usados para alcançá-lo. Os resultados comprovam que se usaram os métodos certos. Por isso você não precisa se incomodar com os meios — e ninguém se incomoda mesmo. Só o que interessa é como você vai chegar ao topo.

Mas essa escalada nunca tem fim. Quem quer que esteja acima de você vai despertar a sua inveja, pois essa pessoa é bem-sucedida e você é um fracasso.

Conclusões precipitadas fazem de você um crente, não um cientista.

Quando eu digo para que você medite a respeito, quero dizer "observe".

Seja um cientista no seu mundo interior. Deixe que a sua mente seja o seu laboratório, e observe — sem condenações, lembre-se. Não diga, "A inveja é ruim". Quem pode saber? Não diga, "A raiva é ruim". Quem pode saber?

Sim, você ouviu dizer, já lhe falaram isso, mas isso é só o que os outros dizem, não é a sua experiência. E você tem de ser muito existencial, muito experiencial; a menos que a sua experiência prove que isso é verdade, você não deve dizer "Sim" ou "Não" para coisa alguma. Você não pode fazer nenhum tipo de julgamento. A observação da inveja, da raiva ou do sexo opera milagres. O que acontece quando você observa sem nenhum julgamento?

A Inveja e o Ciúme

Você começa a ver a emoção de ponta a ponta. A inveja fica transparente.

Você enxerga a estupidez que é ter inveja, começa a ver a tolice disso.

Não que você já tenha concluído de antemão que ela é uma estupidez; se fizer isso você não vai captar o espírito da coisa. Lembre, não estou dizendo para que você decida que isso é uma estupidez, uma tolice.

Se você decidir, você perde a coisa toda.

Basta que você observe sem tomar nenhuma decisão. Só observe o que ela é. Que inveja é essa?

Que energia é essa que chamam de inveja? E observe-a como se observasse um botão de rosa — simplesmente olhe para ela. Quando não existem conclusões, os olhos ficam desanuviados; só têm uma visão clara as pessoas que não têm conclusões. Observe, contemple a inveja e ela ficará transparente e você saberá que ela é estupidez. Quando você souber disso, ela deixará naturalmente de existir. Você não precisa se livrar dela.

Inveja significa que outra pessoa tem mais do que você.

Mas é impossível ser o primeiro em tudo. Você pode ter a maior fortuna deste mundo, mas pode não ter um rosto bonito. Um mendigo pode deixar você com inveja — do corpo dele, do rosto dele, dos olhos dele. Tudo isso pode deixar você com inveja.

Um mendigo pode deixar um imperador com inveja. Você teve inveja a vida inteira. O que aprendeu com isso?

Se não tiver aprendido algo com essas experiências, você terá de viver outra vez.

Aprenda com todas as experiências, sejam elas grandes ou pequenas. Sempre que sente inveja, você queima, o seu coração queima — e você sabe o que está fazendo com você mesmo. Você sabe que isso está errado, mas só sabe disso porque os outros dizem. Não é uma compreensão a que você chegou, não é uma descoberta que você fez. Faça com que isso seja uma descoberta sua; aí, da próxima vez que surgir essa situação, você poderá rir dela, você não se comportará de acordo com o mesmo padrão. Você terá se livrado dele.

Quase todas as religiões do mundo estão no mesmo barco. Elas dizem, "Não fique com raiva..."

Mas de que jeito? A raiva existe.

"Não tenha inveja."

Mas de que jeito se livrar da inveja?

"Não seja competitivo."

Mandamentos furados!

É belo ficar em silêncio, mas onde está a meditação que traz o silêncio até você?

"Não tenha ciúme."

Mas onde está a compreensão de que o ciúme queima o seu coração? Ele não queima o coração de mais ninguém, só o seu.

Como se livrar do espírito competitivo? Porque tudo isso é ensinado, "Não seja competitivo" e, por outro lado, "Seja alguém". Eles dão ideais a você: "Seja um Jesus". Mas existem milhões de cristãos; você terá de competir. Eles dizem, "Não tenha ciúme", mas eles forçam as pessoas a ter ciúme amarrando um homem a uma mulher. Quando o amor desaparece e a primavera acaba, o homem começa a procurar saídas — e a mulher também.

Quem disse para você ter inveja de alguém que é mais inteligente do que você? De alguém que é mais forte do que você? De alguém que tem mais dinheiro do que você?

Por que você escolheu ser invejoso? A sua inveja acabará com a sua energia desnecessariamente. Em vez de ser invejoso, descubra o que você pode fazer com a sua energia, o que você pode criar.

O CIÚME

Você não suporta ver, nem por um minuto, a outra pessoa feliz com outro alguém. Você logo pensa: "Eu morreria para estar com ela!" Procure simplesmente ver o que você realmente sente pela outra pessoa — o ciúme vai virar fumaça.

> O ciúme é uma das áreas mais comuns de ignorância psicológica com respeito a nós mesmos, aos outros e, especialmente, aos relacionamentos.

Na maioria dos casos de ciúme, o amor também vira fumaça.

Mas isso é bom; afinal, para que ter um amor cheio de ciúme, que não é amor de verdade?

Se o ciúme desaparecer e o amor permanecer, então você terá algo sólido na sua vida, algo pelo qual vale a pena lutar.

O ciúme é uma das áreas mais comuns de ignorância psicológica com respeito a nós mesmos, aos outros e, especialmente, aos relacionamentos.

As pessoas acham que sabem o que é o amor, mas elas não sabem. E esses mal-entendidos sobre o amor causam o ciúme. Por "amor" as pessoas entendem um certo tipo de monopólio, de possessividade — sem compreender um fato simples da vida: no momento em que possui um ser vivo, você o mata.

A vida não pode ser possuída. Você não pode agarrá-la com as mãos.

Se quiser tê-la, terá de ficar com as mãos abertas.

O QUE DEIXA VOCÊ COM CIÚME?

O ciúme, em si, não é a raiz. Você ama uma mulher, ama um homem. Você quer possuir esse homem ou essa mulher, só porque tem medo de que, amanhã, ele talvez troque você por outra pessoa. O medo do amanhã destrói o seu presente; isso é um círculo vicioso. Se todos os seus dias são destruídos por causa do medo do amanhã, cedo ou tarde esse homem vai se interessar por outra mulher, pois você vai ser um aborrecimento. E quando ele começar a se interessar por outra mulher ou começar a sair com ela, você vai achar que estava certa por ter ciúme. Na verdade, foi o seu ciúme que causou a coisa toda.

Então, a primeira coisa a lembrar é: não se preocupe com o amanhã; basta o hoje. Alguém ama você... faça com que esse seja um dia de alegria, um dia de celebração. Fique totalmente no amor hoje e essa totalidade e esse amor serão suficientes para que esse homem não se afaste de você. O seu ciúme o afastará; só o seu amor pode mantê-lo com você. O seu ciúme o afasta; o seu amor pode mantê-lo com você. Não pense no amanhã. No momento em que você pensa no amanhã, o seu vibrante dia de hoje fica sem graça. Viva simplesmente o hoje e deixe de lado o amanhã; ele seguirá o seu próprio curso. E lembre-se de uma coisa: se o dia de hoje for uma experiência bela, como uma bênção — o amanhã é fruto do hoje, então para que se preocupar?

Se algum dia o homem que você ama, a mulher que você ama, encontrar outra pessoa — ser feliz é simplesmente humano, mas a sua mulher está feliz com outro homem — não faz diferença se ela é feliz com você ou com outra pessoa, o fato é que ela é feliz. E se você a ama tanto, então por que destruir a felicidade dela?

A pessoa que ama de verdade sempre fica feliz se o ser amado é feliz com outra pessoa. Nessa situação — quando a sua mulher está com outra pessoa e você está feliz, ainda se sente grato a ela e lhe diz, "Você é absolutamente livre; basta que seja muito feliz, essa é a minha felicidade" —, eu tenho a impressão de que ela não vai conseguir ficar longe de você por muito tempo, ela voltará.

Quem conseguiria deixar um homem ou uma mulher assim?

O seu ciúme destrói tudo. A sua possessividade destrói tudo. Esse é o problema universal; e não pode ser solucionado, só pode ser transcendido. As pessoas tentam solucioná-lo. Assim elas só criam mais problemas; é isso o que se faz no mundo todo. Nós temos certeza de que sabemos o que é o amor e então surge o problema do ciúme. Isso não está certo. O ciúme surge porque ainda não existe amor; o ciúme simplesmente mostra que o amor ainda não brotou, ele mostra a ausência do amor. Então você não pode solucioná-lo.

Tudo o que é preciso é esquecer o ciúme, pois essa é uma briga inútil. É brigar contra a escuridão; não faz sentido. Em vez disso, acenda uma vela. É isso que é o amor. Depois que o amor começa a fluir, o ciúme e a possessividade e todo o resto deixam de existir. Você se surpreende ao perceber que eles se foram, você não consegue mais encontrá-los. É o mesmo que acontece quando você acende uma vela; a escuridão do cômodo desaparece e você não consegue mais encontrá-la em lugar nenhum. Você a procura até com uma luz, mas não consegue encontrá-la. Não consegue porque ela não está mais ali; ela era simplesmente a falta de luz. O ciúme é falta de amor.

Minha abordagem é: não se preocupe com o ciúme, do contrário você cairá numa armadilha da qual nunca conseguirá sair. Esqueça-o! Ele é sintomático; é simplesmente uma indicação. É bom que ele indique algo; ele é um sinal de que o amor ainda não aconteceu. Ele é bom!

Aprenda alguma coisa com ele, repare nele e comece a se voltar para o amor. Ame cada vez mais e o ciúme será cada vez menor. Delicie-se com o amor e haverá cada vez menos ciúme. Deixe que o amor chegue à totalidade, à loucura. Deixe que ele tenha intensidade e, nessa intensidade, o ciúme se extinguirá. A pessoa que ama de verdade não sabe o que é ciúme. Por isso eu não digo para você tomar alguma providência com relação ao ciúme; nada disso. Agradeça ao ciúme, pois ele simplesmente mostra que algo que tinha de acontecer não aconteceu. Coloque mais energia no amor.

Em vez de gastar energia analisando o ciúme e brigando com ele, coloque mais energia no amor. Do contrário, você perderá o rumo; começará a seguir o ciúme e **o ciúme é um deserto**. Você nunca achará o seu fim.

É por isso que a psicanálise não avança; ela encara os sintomas como problemas e então começa a analisar esses sintomas. Pensar sobre eles. Você fica descascando a cebola, sem parar, tirando camada após camada.

Você já conheceu alguém que tenha concluído um tratamento de psicanálise? Não existe ninguém na face da Terra que tenha chegado ao fim do tratamento. Não pode haver! Você pode ser tratado durante anos, mas sempre haverá algo para analisar. Trata-se de uma jornada inútil, em ziguezague. Vá direto para o amor! Portanto, a minha sugestão é:

Faça do amor uma grande celebração. Coloque toda a sua energia no amor, sem nunca pensar no futuro. Se estiver amando alguém, não se contenha.

Se você se segurar por um minuto, isso virará ciúme. Se você se entregar totalmente quando estiver fazendo amor, sem se prender a nada, se você se perder no amor, todo o seu corpo e o seu ser se tornam orgásmicos; você vai à loucura, grita, dança, chora, geme e ri, tudo ao mesmo tempo; sentirá tamanha paz brotando em você que nada poderá distraí-lo, nada poderá perturbá-lo. Faça do amor um banquete e essas coisas desaparecerão.

O sexo causa o ciúme, mas o ciúme é uma coisa secundária. Então não é uma questão de como se livrar do ciúme; você não pode se livrar do ciúme porque não pode se livrar do sexo. A questão é como transformar o sexo em amor, aí o ciúme desaparece.

Se você ama uma pessoa, esse próprio amor é garantia suficiente; o próprio amor já é uma segurança. Se você ama uma pessoa, sabe que ela não sairá com mais ninguém. E, se fizer isso, paciência; não há nada a fazer. O que você pode fazer? Você pode matar a pessoa, mas uma pessoa morta não servirá para muita coisa.

Quando ama uma pessoa, você confia que ela não sairá com mais ninguém.

Se ela sair, é sinal de que não existe amor e não há nada a fazer. O amor traz entendimento. Não existe ciúme. Então, se existe ciúme, saiba que não existe amor.

Você está fazendo um jogo, está escondendo o sexo atrás do amor.

O amor é só uma fachada, a realidade é o sexo.

O ciúme não tem nada a ver com o amor. Na verdade, o que se intitula amor também não tem nada a ver com o amor. Essas são belas palavras que você usa sem saber o que elas significam, sem passar pela experiência do que elas significam. Você continua usando a palavra "amor". Você a usa tanto que até esqueceu o fato de que ainda não a conhece por experiência. Esse é um dos perigos de se usar palavras bonitas como: "Deus", "amor", "prece", belas palavras. Você continua usando essas palavras, continua repetindo-as, até que chega um ponto em que a própria repetição lhe dá a impressão de que você sabe o que significam. O que você sabe sobre o amor? Se não sabe nada sobre o amor, você não pode fazer essa pergunta, pois nunca existe ciúme quando existe amor. E sempre que existe ciúme, isso é sinal de que não existe amor. O ciúme não faz parte do amor, o ciúme faz parte da possessividade.

A possessividade não tem nada a ver com amor. Você quer possuir. Quando possui, você se sente forte; o seu

O amor é só uma fachada, a realidade é o sexo.

território fica maior. E, se alguém tenta invadir o seu território, você fica com raiva. Ou, se alguém tem uma casa maior do que a sua, você fica com inveja. Ou, se alguém tenta roubar algo que é seu, você fica com ciúme e com raiva. Se você ama, o ciúme é impossível; é simplesmente impossível.

Você fala muito sobre como é feio ter ciúme. "Sim, é feio." Não, você não sabe. Você está simplesmente repetindo o que lhe disseram. Se você soubesse mesmo que é feio, isso bastaria para que o ciúme desaparecesse. Você não sabe. Você ouviu o que eu disse, ouviu o que Jesus disse, ouviu o que Buda disse e juntou as opiniões. Você não sabe. Não é você quem sente que o ciúme é feio. Se fosse, por que continuaria carregando esse sentimento dentro de você? Não é uma coisa fácil, requer um bocado de investimento. O ciúme é como uma rocha — ele é maciço. A possessividade é uma rocha — ela é puro veneno. O amor é destruído, é esmagado, é despedaçado. E esses monstros estão dominando as pessoas. A liberdade tem de ser salva das suas garras. O único modo de se fazer isso é destruindo a causa básica.

Se conseguir destruir o ciúme, acabar com ele, você verá energias muito belas exalando de você. O amor fica muito fácil, se você acabar com o ciúme; do contrário, o ciúme acaba com o amor. Se você acabar com o ódio, de

> No momento que Adão e Eva comeram da árvore do conhecimento, Ele os expulsou do céu, do paraíso, com receio de que eles tentassem experimentar o fruto de outra árvore. E, depois que isso tivesse acontecido, eles se tornariam imortais, se tornariam deuses. Isso significa que Deus é ciumento.

repente o seu amor fica tão grande que você se torna incondicional. Você não quer saber se a outra pessoa merece ou não merece amor. Quem se importa com isso quando se tem tanto para dar? Você simplesmente dá o que tem e fica agradecido quando a outra pessoa aceita.

Adão e Eva ficariam um pouco como Deus, porque agora eles sabiam que não seriam mais mortais e que não haveria diferença entre eles e Deus; eles saberiam o que Deus sabe; seriam imortais. Então um grande ciúme brotou na mente de Deus. Foi por causa desse ciúme que eles foram expulsos do paraíso. Esse não é um conceito muito saudável de Deus.

Os seus deuses não podem ser diferentes de você. Quem os criou?

Quem deu a eles forma e cor? Você os criou, você os esculpiu; eles têm olhos como os seus, um nariz como o seu — uma mente como a sua!

O Velho Testamento diz, "Eu sou um Deus muito ciumento!" Quem foi que criou esse Deus ciumento? Deus não pode ser ciumento. E, se for, por que você acha que está fazendo algo errado quando é ciumento? Se for assim, o ciúme é divino.

O MEDO

QUE MEDO É ESSE?

Só existe um medo básico. Todos os outros medos são conseqüências do medo principal que todo ser humano carrega dentro de si. O medo é de se perder. Ele pode acontecer na morte, no amor, mas o medo é o mesmo.

Você tem medo de se perder. E o mais estranho é que as pessoas que têm medo de se perder são justamente aquelas que não estão de posse de si mesmas. Aquelas que estão de posse delas mesmas não têm medo. Então, é na realidade uma questão de exposição. Você não tem nada a perder.

Você acha que tem algo a perder. As pessoas têm medo da vida. Elas têm medo da vida porque a vida só é

> Descarte o medo da vida... Porque ou você tem medo ou você vive; só depende de você.

possível se você for capaz de enlouquecer — enlouquecer no amor, enlouquecer na sua canção, enlouquecer na sua dança. É aí que reside o medo. Quem tem medo da morte? Nunca cruzei com ninguém que tivesse. Mas quase todo mundo que eu conheço tem medo da vida. Descarte o medo da vida... Porque ou você tem medo ou você vive; só depende de você. E ter medo de quê? Você não tem nada a perder. Só tem a ganhar. Esqueça as lágrimas e mergulhe de cabeça na vida. Então um dia a morte virá como uma convidada da honra, não como uma inimiga, e você apreciará a morte ainda mais do que apreciou a vida, porque a morte tem as suas próprias belezas. E a morte é muito rara, porque ela só acontece uma só vez — a vida acontece todos os dias.

Se você não sabe do que tem medo, isso é bom. Significa simplesmente que você está no limiar de algo desconhecido. Se o medo tem um objeto, ele é um medo comum. A pessoa tem medo da morte — esse é um medo comum, instintivo; não há nada de mais nesse medo, ele não tem nada de especial. Se a pessoa tem medo de envelhecer ou de ficar doente, ela tem medos comuns... banais.

O medo especial é aquele que não tem um objeto definido, que não tem razão para existir; isso é algo que *realmente* assusta. Se você consegue encontrar uma razão, a mente fica satisfeita. Se pode dizer por que, a mente tem uma explicação à qual se apegar. Todas as explicações servem para tranqüilizar; não servem para mais nada. Depois que tem uma explicação racional, você fica satisfeito. É por isso que as pessoas vão ao psicanalista procurar explicações. Até uma explicação idiota é melhor do que nada; a pessoa pode se agarrar a ela.

Você tem medo — não pergunte por quê.

...o medo é natural, a culpa é invenção dos padres.

A culpa foi inventada pelo homem. O medo é algo inerente, extremamente essencial. Sem medo você não conseguiria sobreviver. O medo é normal.

É por causa do medo que você não põe a mão no fogo. É por causa do medo que você dirige o seu carro na pista da direita ou da esquerda, dependendo das leis de trânsito do seu país. É por causa do medo que você não toma veneno. É por causa do medo que você sai da frente quando um caminhão toca a buzina para você.

Se a criança não tivesse medo, ela não teria chance de sobreviver. O medo dela é uma medida de segurança. Por causa dessa tendência natural para se proteger — e não há nada de errado com ela —, você tem o direito de se proteger.

Sua vida é preciosa e você tem de protegê-la; o medo simplesmente ajuda você. O medo é inteligente. Só os idiotas não têm medo. Só os imbecis não têm medo, por isso você tem de proteger os idiotas, do contrário eles se queimam ou pulam pela janela ou entram mar adentro sem saber nadar ou podem comer uma cobra... podem fazer qualquer coisa!

O medo pode ficar anormal, pode ficar patológico. Nesse caso você fica com medo de coisas de que não precisa temer — embora seja possível encontrar argumentos que justifiquem até um medo anormal. Por exemplo, uma pessoa que tenha medo de ficar dentro de casa. Você não consegue provar que ela está errada usando a lógica. Ela diz, "Quem me garante que o teto não vai cair?"

Outra pessoa tem medo de viajar por causa dos acidentes de trem. Outra tem medo de andar de carro por causa dos acidentes de carro. Uma terceira tem medo de avião...

Se você tem esse tipo de medo, ele não é inteligente. Então você deve ter medo da sua cama também, porque quase noventa e nove por cento das pessoas morrem numa cama — portanto, esse é o lugar mais perigoso do mundo! Do ponto de vista lógico, você deve ficar o mais longe possível de uma cama, nunca se aproximar de nenhuma. Mas aí a vida ficaria impossível.

O Medo

Tudo tem energia: o medo, a raiva, o ciúme, a inveja, o ódio.

Você não se dá conta do fato de que todas essas coisas estão consumindo a sua vida.

O medo da morte não é medo da morte; é medo de ficar insatisfeito. Você vai morrer e não viveu nenhuma experiência ao longo da vida.

Não amadureceu, não cresceu, não floresceu. Você chegou de mãos vazias e vai partir de mãos vazias.

Esse é o medo!

...quando tiver crescido, você vai ver — pode tentar descascar a cebola, tirando camada após camada — que o medo foi incutido em você, que você foi ingênuo demais, que as pessoas abusaram da sua inocência. O padre não sabe nada de Deus, mas ele enganou você e fingiu que conhecia Deus. Ele não tinha nem sequer idéia do que era céu e inferno, mas ele forçou você a ficar com medo do inferno, a ansiar pelo céu. Ele criou a ganância, ele criou o medo. Ele próprio foi uma vítima de outras pessoas. Agora você pode olhar para trás: o seu pai não tinha consciência do que estava ensinando, do que estava dizendo a você.

> O medo da morte
> não é medo da
> morte;
> é medo de ficar
> insatisfeito.

Existem os medos e existe essa ânsia constante pela busca. E eu espero que os medos não sejam os vencedores, porque qualquer pessoa que viva com medo não vive de verdade; ela já está morta. O medo faz parte da morte, não faz parte da vida. Risco, aventura, explorar o desconhecido, é disso que se trata a vida.

Então, tente entender os seus medos. E lembre-se de uma coisa: não apóie esses medos, eles são seus inimigos. Apóie o anseio, o ímpeto que está vivo dentro de você, torne-o tão flamejante que ele possa queimar todos esses medos e você possa empreender a sua busca.

O MEDO DA SOLIDÃO

Ninguém quer ficar sozinho. Todo mundo quer pertencer à multidão — não apenas à multidão, mas a muitas multidões. A pessoa pertence a um grupo religioso, a um partido político, ao rotary club... e existem muitos outros grupinhos a que pertencer.

A pessoa quer apoio vinte e quatro horas por dia, porque o falso não se sustenta sem apoio. No momento em que a pessoa fica sozinha, ela começa a sentir uma estranha loucura.

Não se trata apenas do seu medo, trata-se do medo de todo mundo.

O Medo

Porque ninguém é o que deveria ser na vida. A sociedade, a cultura, a religião, a educação conspiram todos contra as crianças inocentes. Todos eles têm poderes — a criança é indefesa e dependente. Então eles fazem dela o que querem. Eles não deixam que nenhuma criança siga o curso natural da sua vida. Eles fazem tudo para que os seres humanos tenham uma utilidade. Quem garante que, se deixarem uma criança crescer por si mesma, ela vai servir aos interesses deles? A sociedade não está preparada para assumir esse risco. Ela se apodera da criança e começam a moldá-la, fazendo com que ela se transforme em algo de que a sociedade necessite.

Num certo sentido, ela mata a alma da criança e dá a ela uma falsa identidade, de modo que ela nunca encontre a sua alma, o seu ser.

A falsa identidade é um substituto. Mas esse substituto só é útil enquanto você está no meio da multidão que lhe deu essa falsa identidade.

No momento em que você está sozinho, o falso começa a se despedaçar e o verdadeiro reprimido começa a se expressar. Por isso o medo de ficar sozinho.

Você acredita que é alguém, e de repente, num momento de solidão, você começa a perceber que não é o que pensava. Isso dá medo; então quem é você? Vai levar algum tempo até o verdadeiro se expressar.

O intervalo entre os dois é chamado pelos místicos de "noite escura da alma" — uma expressão bem apropriada. Você não é mais o falso e ainda não é o verdadeiro. Você está no limbo, não sabe quem você é. No Ocidente, principalmente, o problema é até mais complicado. Porque não desenvolveram nenhuma metodologia para descobrir o verdadeiro o mais rápido possível e abreviar essa noite escura da alma. O Ocidente não sabe nada a respeito da meditação, e a meditação é só um nome para "ficar sozinho, em silêncio, esperando que o verdadeiro se firme". Ela não é uma ação; é um relaxamento silencioso — porque qualquer coisa que você faça virá da sua personalidade falsa — anos de uma personalidade falsa imposta pelas pessoas que você amou, que você respeitou — e elas não tinham intenção de lhe fazer nenhum mal.

As intenções delas eram boas, elas só não tinham consciência. Não eram pessoas conscientes — os seus pais, os seus professores, os seus sacerdotes, os seus políticos — eles não eram pessoas conscientes, pelo contrário.

E até uma boa intenção nas mãos de pessoas inconscientes vira um veneno.

Portanto, sempre que você está sozinho, surge um medo profundo — porque de repente o falso começa a desaparecer, e o verdadeiro vai demorar um tempo. Faz anos que você o perdeu. Você terá de levar em conta que essa lacuna tem de ser transposta.

A multidão é essencial para que o eu falso exista. No momento em que está sozinho, você começa a entrar em pane. É então que você precisa entender um pouquinho de meditação. Não se preocupe, aquilo que pode desaparecer é bom que desapareça. Não há razão para se agarrar a isso — isso não é seu, não é você.

Ninguém mais pode responder à pergunta, "Quem sou eu?" — você saberá.

Todas as técnicas de meditação ajudam a acabar com o falso. Elas não dão a você o verdadeiro — ninguém pode dar isso a você. Nada que possam lhe dar pode ser verdadeiro. O verdadeiro você já tem; basta jogar fora o falso.

A meditação é só a coragem de ficar em silêncio e sozinho. Bem devagarzinho, você começa a sentir uma nova qualidade em si mesmo, uma nova vivacidade, uma nova beleza, uma nova inteligência — que não é emprestada de ninguém; ela brota dentro de você. Ela tem raízes na sua existência. E, se você não for covarde, isso fruirá, florescerá. Todos os medos são conseqüências da identificação. Você ama uma mulher e, com o amor, na mesma proporção vem o medo. Ela pode deixar você — um dia ela deixou alguém e foi embora com você. Existe um precedente; talvez ela faça o mesmo com você.

Existe o medo, você sente um frio na barriga. Você é apegado demais. Não consegue perceber um simples fato: você chegou sozinho a este mundo; até ontem viveu sozinho, perfeitamente bem, sem essa mulher, sem frio na barriga. E amanhã, se essa mulher for embora... para que você precisa desse frio na barriga? Você sabe como viver sem ela e saberá viver no futuro.

O medo de que as coisas possam mudar amanhã... Alguém pode morrer, você pode ir à falência, pode perder o emprego. Muita coisa pode mudar.

Você vive sob o peso dos medos e nenhum deles tem razão de ser — porque ontem você também tinha todos esses medos, desnecessariamente.

As coisas podem ter mudado, mas você ainda está vivo. E o ser humano tem uma capacidade imensa de se adaptar a qualquer situação.

O MEDO É COMO A ESCURIDÃO

O que você pode fazer com a escuridão, diretamente? Você não pode jogá-la fora, não pode atirá-la no lixo, não pode criá-la. não existe nenhum jeito de você se relacionar com a escuridão sem acender a luz. O caminho da escuridão passa pela luz; se você quiser escuridão, apague a luz. Se não quiser, acenda a luz. Mas você terá de fazer algo com a luz, não com a escuridão.

O Medo

Por que eu tenho medo das mulheres? Isso não é pessoal, é quase universal. Todos os homens têm medo das mulheres e todas as mulheres têm medo dos homens —, porque todas as pessoas têm medo do amor. O medo é do amor. Por isso o homem tem medo da mulher, porque ela é o objeto do seu amor, e a mulher tem medo do homem, porque ele é o objeto do seu amor.

Temos medo do amor porque o amor é uma pequena morte. O amor pede que você se renda e nós não queremos nos render.

Nós gostaríamos que o outro se rendesse, gostaríamos que ele fosse o nosso escravo. Mas esse desejo também existe do outro lado: o homem quer que a mulher seja uma escrava; e, evidentemente, a mulher quer a mesma coisa, ela tem o mesmo desejo. Os métodos que usam para escravizar o outro podem ser diferentes, mas o desejo é o mesmo.

Todos os medos podem ser reduzidos a um só: o medo da morte, o medo de que "um dia eu possa desaparecer, de que um dia eu possa morrer.

> Temos medo do amor porque o amor é uma pequena morte. O amor pede que você se renda e nós não queremos nos render.

"Eu existo e chegará o dia em que não existirei mais" — isso apavora, esse é o medo. Para evitar esse medo, começamos a achar meios de viver por mais tempo possível. Tentamos assegurar a nossa vida — começamos a fazer concessões, a ficar cada vez mais seguros, por causa do medo. Ficamos paralisados, porque, quanto mais seguro você está, quanto mais segurança você tem, menos vivo você está.

Portanto, por causa do medo da morte nós lutamos para ter segurança, para ter saldo bancário, para ter seguro de vida, para ter um casamento, para ter uma vida estável, para ter um lar; nós nos tornamos parte de um país, filiamo-nos a um partido político, freqüentamos uma igreja — somos hindus, cristãos, muçulmanos. Todas essas são maneiras de encontrar segurança. São todas maneiras de encontrar um lugar ao qual pertencer — um país, uma igreja. Por causa de todos esses medos, os políticos e os padres continuam explorando você. Se você não vivesse com medo, nenhum político, nenhum padre podia explorar você. É só por causa do seu medo que eles podem explorar você, pois eles podem proporcionar — pelo menos podem prometer — o que lhe trará segurança: "Isso lhe dará segurança. Eu garanto". As mercadorias talvez nunca sejam entregues — isso é outra coisa bem diferente —, mas a promessa... e a promessa é o que faz com que as pessoas sejam exploradas, oprimidas. A promessa mantém as pessoas no cativeiro.

"Do que é feito o medo? O medo é feito da ignorância do próprio eu. Só existe um medo; ele se manifesta de muitas maneiras, milhares podem ser as suas manifestações, mas, basicamente, o medo é um só: o medo de que, lá no fundo, você possa não existir. E, num certo sentido, isso é verdade.

Coragem significa explorar o desconhecido, apesar de todos os medos.

Coragem não significa destemor. O destemor acontece à medida que você fica cada vez mais corajoso. Essa é a experiência absoluta da coragem — o destemor; essa é a fragrância que surge quando a coragem tornou-se absoluta. Mas, no início, não existe muita diferença entre o covarde e o corajoso. A única diferença é que o covarde dá ouvido aos seus medos e os segue, e o corajoso deixa os medos de lado e segue adiante. A pessoa corajosa explora o desconhecido apesar de todos os medos. Ela sabe o que é ter medo, ele existe.

Você exagerou os seus medos.

Simplesmente olhe para eles; basta esse olhar para que eles comecem a diminuir.

Você nunca olhou para os seus medos, você fica fugindo deles. Você vive criando proteções contra eles, em vez de olhar diretamente nos olhos do seu medo. Mas não existe nada a temer; tudo o que é preciso é um pouco de consciência. Portanto, sempre que existir um medo, pegue-o nas mãos e olhe para ele por um minuto, assim como um cientista olha o seu objeto de estudo. Você ficará surpreso ao ver que ele começa a derreter como um floco de neve. Quando estiver olhando o medo em sua totalidade, ele começa a desaparecer. E, quando existe liberdade destituída de medo, essa liberdade traz uma bênção tão grande que não existem palavras para expressá-la.

O medo aceito vira liberdade; o medo negado, rejeitado, condenado, vira culpa. Se você aceita o medo como parte da situação...

Ele é parte da situação. O homem é uma parte, muito pequena, minúscula, e o todo é vasto; o homem é uma gota, uma gotinha, e o todo é o oceano inteiro. Você estremece: "Posso me perder no todo; minha identidade pode se perder". Esse é o medo da morte. Todo medo é medo da morte. E o medo da morte é o medo da aniquilação.

O homem que vive com medo está sempre tremendo por dentro. Ele vive continuamente a ponto de ficar insano, porque a vida é grande e, se você vive com medo...

Existe todo tipo de medo. Você pode fazer uma lista enorme e ficará surpreso ao ver quantos medos existem — e você ainda está vivo! Existem infecções por todo lado, doenças, perigos, seqüestros, terroristas... e nesta vida tão curta.

E, no final, existe a morte, que você não pode evitar. Toda a sua vida virará uma escuridão. Esqueça o medo! Você aceitou inconscientemente esse medo na infância; agora, deixe-o de lado conscientemente e amadureça. E, então, a vida pode ser uma luz que vai se aprofundando à medida que você cresce.

A COMPREENSÃO É O SEGREDO DA TRANSFORMAÇÃO

Procure ter uma compreensão um pouquinho maior de todos os seus sentimentos e emoções — eles têm um certo lugar na harmonia total do seu ser. Mas estamos quase cegos para as nossas potencialidades, dimensões.

Fique um pouco mais alerta com relação a tudo e lembre-se de que o natural é superior e o artificial é falso e americano.

Desde o início, temos de lembrar que estamos em busca de um lugar, de um espaço, onde nada se eleva — nem poeira, nem fumaça; onde tudo é puro e limpo, absolutamente limpo, é só amplidão. Desde o início, temos de ter uma idéia clara do que estamos procurando.

A atenção consciente é necessária, não é uma condenação — por meio dela a transformação acontece espontaneamente. Se você tomar consciência da sua raiva, a compreensão acontece. Basta que você observe, sem nenhum julgamento, sem dizer que aquilo é bom ou ruim, só observe o seu céu interior.

Cai um raio, a raiva, o seu sangue ferve, todo o sistema nervoso se agita e estremece, e você sente um tremor no corpo inteiro — é um momento de beleza porque, quando a energia está em movimento, você pode observá-la com facilidade; quando ela não se movimenta, isso não é possível.

Feche os olhos e medite a respeito. Não lute, só olhe o que está acontecendo — todo o céu cheio de eletricidade, com tantos raios, com tanta beleza — deite-se simplesmente no chão, olhe para o céu e observe.

Então faça o mesmo interiormente. As nuvens se acumulam, porque sem nuvens não pode haver raios — nuvens negras, pensamentos. Alguém insultou você, alguém riu de você, alguém disse isso e aquilo... muitas nuvens, negras, no céu interior e muitos relâmpagos. Observe! É uma cena belíssima — terrível também, porque você não a compreende. Ela é misteriosa e, se você não compreende o mistério, ele fica terrível, você tem medo dele. Sempre que um mistério é compreendido, ele se torna uma graça, uma dádiva, porque você passa a ter as chaves — e com as chaves você é o amo.

Você não controla o mistério, você só se torna o amo quando está consciente. E quanto mais consciente, mais fundo você mergulha, porque a consciência é um mergulho interior, ela sempre se volta para dentro: quanto mais consciente, mais para dentro; se você está perfeitamente consciente, está perfeitamente dentro; quanto menos consciente, mais fora você está; inconsciente — você está totalmente fora, está fora de casa, perambulando por aí.

O CORAÇÃO VAZIO

As pessoas sempre acham que mente significa palavra, fala, pensamentos — mas isso não é verdade. Eles estão muito próximos, quase coincidem; estão tão próximos que você pode supor que sejam uma coisa só. Mas, quando você vai mais fundo por meio da meditação e deixa para trás o mundo das palavras e da fala, você de repente descobre que existe uma mente vazia além deles, que é a sua verdadeira mente. Para diferenciá-la, podemos chamá-la de coração vazio.

Ou podemos chamá-la de não-mente, de mente verdadeira, de coração vazio... são todos sinônimos. Mas normalmente você está tão próximo do raciocínio, das emoções, das palavras, que não pode imaginar que exista um céu por trás das nuvens; que exista uma lua cheia por trás das nuvens.

Você terá de atravessar as nuvens para ver a lua.

O coração vazio é uma porta para a eternidade. É uma ligação entre você e a existência. Não é nada físico ou material. Não é algo mental ou psicológico. É algo que está além dos dois, que transcende ambos.

É a sua espiritualidade.

Lembre-se, o coração vazio faz de você um buda.

E a compreensão é o segredo da transformação. Se você conseguir compreender a raiva, na mesma hora você se encherá de compaixão.

> O coração vazio é uma porta para a eternidade.
> É uma ligação entre você e a existência.

Se você conseguir compreender o sexo, na mesma hora você atingirá o *samadhi*. "Compreensão" é a palavra mais importante para se lembrar.

Você sente raiva, sente inveja, sente ódio, sente luxúria. Existe alguma técnica que possa ajudar você a se livrar da raiva? Da inveja? Do ódio? Da luxúria sexual?

A Compreensão é o Segredo da Transformação 89

Se tudo isso continuar existindo, o seu estilo de vida vai continuar o mesmo.

Só existe um jeito — nunca haverá outro. Só existe um único jeito de entender que ficar com raiva é ser idiota; observe a raiva em todas as suas fases, fique alerta para que ela não o pegue desprevenido; continue atento, observando cada fase da raiva. E você ficará surpreso ao ver que, à medida que a consciência com relação à raiva aumenta, mais a raiva começa a evaporar. E, quando a raiva desaparece, existe paz. A paz não é algo que você consiga atingir diretamente. Quando o ódio desaparece, surge o amor.

O amor também não é algo que você consiga atingir diretamente. Quando a inveja desaparece, surge uma profunda amizade por todos.

Procure entender...

Mas todas as religiões corrompem a mente das pessoas, porque elas não as ensinam como observar, como compreender; em vez disso elas oferecem conclusões — a raiva é ruim. E, no momento em que condena alguma coisa, você já se colocou na posição de juiz. Você já julgou. Não pode mais ficar consciente. A consciência requer que a pessoa fique num estado de não-julgamento. E todas as religiões ensinam as pessoas a fazer julgamentos; isto é bom, aquilo é ruim; isto é pecado, aquilo é virtude — essa é a asneira que, durante séculos, as religiões têm colocado na cabeça das pessoas. Por isso que, assim que vê alguma coisa, você já faz, dentro de você, um julgamento com relação àquilo. Você não consegue simplesmente ver a coisa, não consegue ser simplesmente um espelho, sem dizer nada. A compreensão só acontece se você se torna um espelho, um espelho de tudo que se passa na sua mente.

Por que você acha que tem de renunciar à raiva? Por quê? Porque ensinaram a você que a raiva é ruim. Mas você compreendeu que ela é ruim? Você chegou a uma conclusão pessoal, depois de uma profunda reflexão, de que a raiva é ruim?

Se você chegou a essa conclusão por meio da sua própria busca interior, não há nenhuma necessidade de desistir da raiva — ela já terá desaparecido.

O próprio fato de saber que ela é venenosa já é suficiente. Você já é uma pessoa diferente.

Você continua achando que tem de renunciar à raiva, desistir dela, deixá-la de lado. Por quê? Porque as pessoas dizem que a raiva é ruim, e você é simplesmente influenciado por tudo o que elas dizem. Então você continua achando que a raiva é ruim e, na hora H, você vai ficar com raiva.

Se você acha que a raiva é uma coisa boa, então fique com raiva e não diga que ela é ruim. Ou, se você diz que ela é ruim, então procure compreender se essa é uma conclusão sua ou se outra pessoa disse isso a você.

A Compreensão é o Segredo da Transformação

Todo mundo está criando infelicidade para si mesmo por causa dos outros. Alguém diz que uma coisa é ruim, outro vem e diz que ela é boa, e todo mundo fica enfiando essas idéias na sua cabeça. Os pais estão fazendo isso, a sociedade está fazendo isso, e então um dia você percebe que está só seguindo as idéias dos outros. E a diferença entre a sua natureza e as idéias dos outros causa uma cisão; você fica esquizofrênico. Você fará uma coisa e acreditará no contrário. Isso vai gerar culpa. Todo mundo sente culpa. Não que todo mundo seja culpado, todo mundo sente culpa por causa desse mecanismo.

Sempre que está alegre, você percebe que a alegria surge do nada. Você encontra um amigo: claro, parece que a alegria surgiu por causa do amigo, do encontro com ele. Não é isso o que de fato acontece. A alegria sempre está dentro de você. O amigo só criou uma situação. O amigo ajudou essa alegria a vir para fora. E isso não acontece só com a alegria, acontece com tudo: com a raiva, com a tristeza, com a infelicidade, com a felicidade, com tudo. As outras pessoas só criam situações em que as coisas que estão escondidas dentro de você se expressam. Eles não são a causa; eles não estão causando algo em você. Seja o que for que esteja acontecendo, está acontecendo a você. Sempre existiu em você. Acontece apenas que o encontro com o amigo criou uma situação em que aquilo que estava escondido veio à tona — manifestou-se. Das fontes ocultas, aquilo se tornou aparente, manifesto. Sempre que isso acontecer, continue concentrado no sentimento; assim você terá uma atitude diferente com relação a tudo na vida.

Sempre que você está sozinho, não há ninguém para provocar a sua raiva, ninguém para proporcionar uma oportunidade para você ficar triste, ninguém para colocar diante de você as suas próprias máscaras.

Você está sozinho: a raiva não aflora. Não que a raiva tenha desaparecido — simplesmente não se criou uma situação para que ela se manifestasse.

Você está cheio de raiva, mas não há ninguém ali para insultar você, para ferir você. Só falta a oportunidade. Agora, volte para o mundo: viva cinqüenta anos no Himalaia — quando você volta para o mundo, imediatamente descobre que a raiva ainda está lá, tão viva quanto antes; até mais forte agora, por causa dos cinqüenta anos de raiva acumulada, de veneno acumulado. Então ficamos com medo de voltar para o mundo.

Vá para o Himalaia; você verá muitas pessoas andando por ali. Covardes, elas não conseguem voltar para o mundo. Que tipo de pureza é essa, que tem medo? Que tipo de celibato é esse, que tem medo? Que tipo de realidade é essa, que tem medo de maya, da ilusão? Que tipo de luz é essa, que tem medo da escuridão, que vem da escuridão? A escuridão será mais forte e pode destruí-la? Alguma escuridão já destruiu uma luz? Mas es-

A Compreensão é o Segredo da Transformação

sas pessoas continuam perambulando por lá. Quanto mais ficam, mais incapazes se tornam de voltar para o mundo — porque lá no Himalaia elas podem ter a sua linda fantasia: ninguém para destruí-la. Vivendo no mundo, fica difícil.

Alguém, em algum lugar, vai pisar no seu pé; alguém, em algum lugar, vai magoar você. Você tem de largar a raiva. Todo o meu empenho é para que você mude. Não tente mudar o cenário, faça a gentileza de mudar você mesmo. Mudar de cenário não ajuda ninguém; nunca ajudou.

E você pensa... meditação durante várias horas por dia. Mesmo que você medite vinte e quatro horas por dia, isso não vai adiantar, a menos que a meditação se torne o seu modo de vida — não adianta passar o dia meditando. Se medita uma hora, duas horas ou três horas, ou seis horas ou mais — você pode meditar vinte horas —, você vai ficar louco, mas não vai chegar ao *samadhi*.

O capítulo a seguir apresenta sugestões práticas para você fazer experimentos pessoais no mundo das emoções.

> Não tente mudar o cenário, faça a gentileza de mudar você mesmo. Mudar de cenário não ajuda ninguém; nunca ajudou.

MÉTODOS PARA AJUDAR VOCÊ

Qual é o seu tema?
O meu método é muito simples. Simplesmente anote num diário, todos os dias, durante uma semana, o que ocupa a maior parte do seu tempo, com o que você fantasia a maior parte do tempo e para o que a sua energia se volta mais rapidamente. Simplesmente observando isso durante sete dias, anotando tudo em seu caderno, você descobrirá qual é a sua característica básica.

Essa descoberta já é metade do caminho.

Ela dá a você uma grande força, que é conhecer o inimigo.

*O lótus é um dos fenômenos mais milagrosos da vida;
por isso, no Oriente, ele é considerado o símbolo da
transformação espiritual.
Buda está sentado sobre um lótus, Vishnu está de pé sobre
um lótus, por que um lótus?
Porque o lótus tem um significado muito simbólico:
ele cresce do lodo.
ele é um símbolo da transformação, é uma metamorfose.
O lodo é imundo, pode cheirar mal;
o lótus é perfumado e nasce do lodo fedorento.
Exatamente da mesma forma, a vida comum é assim como
o lodo fedorento
— mas a possibilidade de se tornar um lótus está
escondida ali.
O lodo pode ser transformado, você pode se tornar um lótus.
O sexo pode ser transformado e pode se tornar samadhi.
A raiva pode ser transformada e pode se tornar compaixão.
O ódio pode ser transformado e pode se tornar amor.
Tudo o que você tem agora que parece negativo, assim como
o lodo, pode ser transformado. A sua mente ruidosa pode
se esvaziar e ser transformada, e pode se tornar uma
música celestial.*

INSTRUÇÕES, EXERCÍCIOS E EXPERIMENTOS

A TRANSFORMAÇÃO DA RAIVA

MEDITAÇÃO DO TRAVESSEIRO

Horário: toda manhã
Duração: 20 minutos

A primeira providência para conseguir a transformação é expressar a raiva, sem despejá-la sobre ninguém, pois, se fizer isso, você não poderá expressá-la plenamente. Você pode querer matar, mas isso não é possível.

Você pode querer morder, mas isso também não é possível. Tudo isso, no entanto, pode ser feito a um travesseiro.

O travesseiro não vai reagir, nem vai processar você. O travesseiro não vai ficar com ódio de você, não vai fazer nada. O travesseiro vai ficar feliz e rir de você.

A segunda providência é ficar consciente. Para controlar, a consciência não é necessária; você faz isso mecanicamente, como um robô. A raiva surge e existe um mecanismo — de repente todo o seu ser se retrai e se fecha. Se você está atento, o controle pode não ser tão fácil. A sociedade nunca ensina você a ficar atento, pois a pessoa atenta é totalmente aberta. Isso faz parte da consciência — a pessoa é aberta e, se você quer reprimir algo, mas está aberto, é contraditório, o que você quer reprimir pode vir para fora.

A sociedade ensina você a se fechar, a mergulhar em si mesmo, a não deixar nem sequer uma fresta por onde algo escape.

Mas lembre-se: se nada sai, nada também pode entrar. Se a raiva não pode sair, você fica fechado. Se você toca uma rocha bonita, não sente nada; se olha uma flor, também não sente nada; os seus olhos estão mortos e fechados. Você vive uma vida insensível. A sensibilidade aumenta com a consciência.

A BUSCA PELAS RAÍZES

Se está triste ou com raiva, você pode fazer uma meditação. Não lute contra isso, não tente distrair a mente pensando em outra coisa. Não vá ver um filme porque está se sentindo muito triste. Não tente reprimir o que está sentindo. Essa é uma grande oportunidade para meditar.

Só observe de onde vem a raiva. Só vá até as raízes. Procure as próprias raízes da tristeza — você vai ficar surpreso ao ver que ela não tem nenhuma raiz.

Enquanto você procura pelas raízes, as suas emoções vão desaparecendo ao ver que, "Este homem é estranho — ele está procurando as raízes!" Mas essas aflições, emoções, sentimentos — nada disso tem raiz. Eles são simplesmente nuvens, sem raízes, envolvendo a sua mente.

Portanto, se você começar a procurar as raízes, as suas emoções começam a dispersar — "Essa não é a pessoa certa, ela não será afetada por nós. Ela é bem estranha! Nós aqui e ela procurando pelas raízes..." Em vez de ficar triste, em vez de ficar com raiva, em vez de se sentir um infeliz — busque as raízes!

Em vez de ficar triste, em vez de ficar com raiva, em vez de se sentir um infeliz – busque as raízes!

Todo sentimento, toda emoção, tudo vai desaparecer se você buscar as raízes. Se a sua consciência mergulhar nessa busca, as emoções se dissiparão e o céu do seu ser interior ficará absolutamente claro e límpido. Tente e você ficará encantado.

A CORRIDA

Para quem não consegue expressar plenamente a raiva, o amor, o medo etc.

Horário: pela manhã

"É difícil trabalhar diretamente com a raiva, porque isso pode ser profundamente repressor. Por isso, trabalhe indiretamente. A corrida ajuda a raiva e o medo a evaporar. Se você correr por bastante tempo e respirar profundamente, a mente pára de funcionar e o corpo assume o controle."

Primeiro passo: Faça uma corrida pela manhã, na rua. Comece correndo um quilômetro, depois dois, até chegar a cinco quilômetros. Use todo o seu corpo. Não corra como se estivesse numa camisa de força — corra como uma criança, usando o corpo todo, as mãos e os pés, e respire bem fundo, com a barriga.

Segundo passo: Depois, sente-se sob uma árvore, descanse, transpire e sinta a brisa refrescante; sinta-se em paz. Você é apenas um corpo palpitante, um corpo vivo, um organismo em sintonia com o todo — assim como um animal...

Comentário: A musculatura tem de ficar relaxada. Se você gosta de nadar, vá nadar também. Isso ajuda. Mas a natação também deve ser praticada do modo mais completo possível. Qualquer coisa em que você possa se concentrar totalmente vai ajudar. Não é uma questão de ter ou não ter raiva ou qualquer outra emoção; a questão é se deixar envolver completamente pela atividade, seja ela qual for. Então você conseguirá fazer o mesmo com a raiva e com o amor.

A pessoa que sabe se deixar envolver totalmente por alguma coisa, faz qualquer coisa de corpo inteiro.

FERVA DE RAIVA

Horário: todos os dias, sempre que se sentir bem
Duração: quinze minutos
Requisito: despertador

Primeiro passo: Feche a porta do seu quarto e, durante quinze minutos, fique com raiva, ferva de raiva, como se você estivesse a cem graus, mas não extravase essa raiva, não a expresse — nem sequer bata num travesseiro. Reprima toda a raiva de todas as maneiras possíveis — que é justamente o oposto da catarse.

Se você sentir a tensão se acumulando no seu estômago, como se ele fosse explodir, contraia o estômago, deixando-o mais tenso ainda. Deixe que o corpo inteiro fique o mais tenso possível, como se fosse um vulcão — fervilhando por dentro e sem extravasar a tensão. É isso que é preciso lembrar: sem extravasar. Não grite, do contrário, o estômago vai relaxar; não bata, senão os ombros vão relaxar.

Segundo passo: Quando o despertador tocar, sente-se silenciosamente, feche os olhos e somente observe o que está acontecendo. Relaxe o corpo.

Comentário: "O aquecimento do organismo vai derreter os seus padrões..."

MEDITAÇÃO DINÂMICA DE OSHO

Para pessoas que não conseguem expressar a raiva.

A técnica de meditação que começa com movimento, ação, também ajuda você de outras maneiras. Ela vira uma catarse.

A meditação é um fenômeno energético. É preciso entender uma coisa fundamental com relação a todos os tipos de energia, e essa é uma lei básica: a energia se movimenta entre duas polaridades. É só desse jeito que ela se movimenta; não existe outro jeito. Ela se movimenta entre duas polaridades.

Para que qualquer energia se torne dinâmica, é necessário um antipólo, assim como acontece com a eletricidade, que circula entre uma polaridade positiva e outra negativa. Se só houver uma polaridade negativa, não há eletricidade, e o mesmo acontece se houver apenas uma polaridade positiva. Ambos os pólos são necessários. E, quando eles se encontram, criam a eletricidade; surge uma centelha.

Para onde quer que olhe, você verá a mesma energia circulando entre duas polaridades, equilibrando-se. Essa polaridade é muito importante para a meditação, porque a mente é lógica e a vida é dialética. Quando eu digo que a mente é lógica, isso significa que ela funciona de maneira linear. Quando eu digo que a vida é dialética, quero dizer que a vida segue com o oposto, não de maneira linear. Ela segue em ziguezague, indo do negativo ao positivo — positivo, negativo; negativo, positivo. Ela segue em ziguezague, usando os opostos.

A mente funciona numa linha, numa única linha reta. Ela nunca vai para o oposto — ela nega o oposto. Ela acredita no um, a vida acredita no dois.

A energia pode ser convertida e usada. E então, usando essa energia, você ficará mais vivaz, mais vivo. O oposto tem de ser incluído para que o processo fique dialético. Sem esforço significa sem fazer nada, significa inatividade. Esforço significa fazer muita coisa, significa atividade. Ambos têm de existir.

> A mente funciona numa linha, numa única linha reta. Ela nunca vai para o oposto – ela nega o oposto. Ela acredita no um, a vida acredita no dois.

Faça muito, mas não seja o agente do fazer — assim você conseguirá as duas coisas. Viva neste mundo, mas não faça parte dele. Viva neste mundo, mas não deixe que ele viva em você. Assim a contradição será absorvida. É isso o que eu estou fazendo. A Meditação Dinâmica é uma contradição. Dinâmico significa esforço, muito esforço, esforço absoluto. E meditação significa silêncio, sem esforço, sem atividade. Você pode chamar isso de meditação dinâmica.

INSTRUÇÕES PARA A MEDITAÇÃO DINÂMICA

Primeiro passo: dez minutos

Respire rapidamente pelo nariz. Force a expiração e deixe que a inspiração aconteça naturalmente. Faça com que a respiração seja intensa e caótica. Os pulmões precisam se encher de ar. Respire o mais depressa possível, mas sem deixar de respirar fundo. Faça isso do modo mais total possível; sem tensionar o corpo, mantendo o pescoço e os ombros relaxados. Continue respirando de maneira caótica (quer dizer, de modo irregular e imprevisível) até que você literalmente se transforme na respiração. Depois que a sua energia estiver circulando, ela começará a mover o seu corpo. Deixe que o seu corpo se mexa e aproveite seus movimentos para aumentar ainda mais a quantidade de energia. O movimento natural dos braços e das pernas ajudará a aumentar a energia. Sinta a energia aumentando; não deixe que ela diminua neste primeiro estágio e não diminua o ritmo.

Segundo passo: dez minutos
Obedeça ao seu corpo. Dê a ele total liberdade para se expressar do jeito que quiser. Exploda! Deixe que o corpo assuma o controle. Deixe que ele faça o que for preciso para se soltar. Enlouqueça... Cante, grite, ria, berre, chore, salte, chacoalhe, dance, chute ou jogue-se no chão. Não segure nada, mantenha o corpo todo em movimento. Um pouco de encenação sempre ajuda no começo. Não deixe que a sua mente interfira. Lembre-se de dar total liberdade ao corpo.

Terceiro passo: dez minutos
Deixando os ombros e o pescoço relaxados, levante os dois braços o mais alto possível, sem travar os cotovelos. Com os braços para cima, salte para cima e para baixo, gritando o mais profundamente possível o mantra Hoo!... Hoo!... Hoo! O som deve sair do fundo da sua barriga. Cada vez que apoiar os pés inteiros no chão, deixe que o som bata como um martelo no seu centro sexual. Dê tudo de si, até ficar completamente exausto.

Quarto passo: quinze minutos
Pare! Congele na posição em que está. Não mexa o corpo, tentando ajustar a posição. Uma tosse, um mo-

vimento, qualquer coisa dissipará o fluxo de energia e tudo irá por água abaixo. Seja uma testemunha de tudo o que está acontecendo em você.

Quinto passo: quinze minutos
Celebre! Dançando ao ritmo da música, expresse tudo o que quiser. Conserve essa vivacidade pelo resto do dia.

CIÚME

Para casais
Para desbloquear as suas energias, caso o seu relacionamento amoroso pareça não fluir.

Horário: à noite
Duração: sessenta minutos

Primeiro passo: Sentem-se frente a frente, de mãos dadas.

Segundo passo: Durante dez minutos, olhem-se nos olhos. Se o corpo começar a se mexer e balançar, deixem. Vocês podem piscar, só não podem desviar os olhos. Fiquem sempre de mãos dadas.

Terceiro passo: Depois de dez minutos, fechem os olhos e mantenham o balanço do corpo por mais dez minutos.

Quarto passo: Agora fiquem em pé e balancem o corpo juntos, de mãos dadas, durante dez minutos. Isso fará com que as energias de vocês se misturem profundamente.

AMOR PARA ESTIMULAR O FLUXO DE ENERGIA

Qualquer coisa que você faça com amor ajuda a energia fluir — não importa qual seja o objeto do seu amor, qualquer coisa serve.

"É assim como a água que corre montanha abaixo. Onde quer que o mar esteja, a água busca o nível do mar e nunca pára de correr. Onde quer que exista amor, a energia busca o nível do amor. Ela nunca deixa de fluir."

Primeiro passo: Pegue na mão uma pedra, sentindo por ela um profundo amor e cuidado.

Feche os olhos e sinta um amor imenso pela pedra — gratidão por ela existir, gratidão por ela aceitar o seu amor.

Logo você perceberá um pulsar e a energia fluindo.

Segundo passo: Com o passar do tempo, o objeto deixa de ser necessário. Bastará a idéia de amar alguém para que a energia comece a fluir. O amor é um fluxo; se nos sentimos congelados, é porque não amamos.

"Amor é calor. O congelamento não é possível quando existe calor. Quando não existe amor, tudo fica frio. Você começa a sentir como se estivesse numa temperatura abaixo de zero. Portanto, uma das coisas mais importantes a se lembrar é: o amor é quente. Assim como o ódio. A indiferença é fria. Por isso, às vezes, até quando você sente ódio, a energia começa a fluir. É claro que se trata de um fluxo destrutivo. Quando a raiva surge, a energia começa a fluir — é por isso que, de certa forma, as pessoas se sentem bem depois de um acesso de raiva; algo é extravasado.

A raiva é muito destrutiva. Ela até poderia ser criativa se fosse extravasada por meio do amor, mas é melhor expressá-la do que reprimi-la. Se fica indiferente, você não flui.

> A raiva é muito destrutiva. Ela até poderia ser criativa se fosse extravasada por meio do amor.

"Portanto, qualquer coisa que aqueça você e o faça derreter é bom. A primeira opção sempre deve ser o amor. Se isso não for possível, a segunda opção deve ser a raiva. E só existem essas duas opções; a terceira não é uma opção. Ela é o que as pessoas já fazem. É por isso que você vê tantas pessoas mortas, cadáveres ambulantes... Elas só estão vivas da boca pra fora, porque são indiferentes. Depois que você começa a fluir... descobre por experiência própria uma lei fundamental. Então um dia você é capaz de simplesmente se sentar em silêncio apenas irradiando amor — sem dirigi-lo a ninguém em particular. Com disposição para amar, você se senta em silêncio, cheio de amor, e percebe que esse amor está fluindo. Então você tem a chave: o amor é a chave... O amor é o fluxo."

ENFRENTE O CIÚME

O que eu disser só se tornará uma experiência para você se for colocado em prática. E de que modo colocar isso em prática? Ficando frente a frente com o ciúme. Agora ele não está na sua frente; está escondido atrás de você.

Não reprima o ciúme. Expresse-o. Sente-se no seu quarto, feche a porta e concentre-se no ciúme. Observe-o, veja-o, deixe que ele se torne tão forte quanto uma labareda. Deixe que ele se torne uma enorme labareda e queime nesse fogo, vendo o que ele é. Não comece dizendo que o ciúme é feio, porque essa idéia vai reprimi-lo, não deixará que ele se expresse plenamente. Nada de opiniões! Tente simplesmente ver o efeito do ciúme na sua vida, olhe para o fato existencial. Sem interpretações, sem ideologias! Esqueça os budas e entre em ação;

esqueça-me. Deixe que o ciúme aflore. Olhe para ele, olhe bem dentro dele e faça o mesmo com a raiva, com a tristeza, com o ódio, com a possessividade. Pouco a pouco você verá que só o fato de olhar para essas coisas suscitará um sentimento transcendental de que você é apenas uma testemunha; você deixa de se identificar. Você só pára de se identificar quando encontra algo dentro de você.

MERGULHE NO MEDO

Horário: em algum momento do dia, quando o seu estômago estiver vazio, ou de duas a três horas depois de uma refeição, do contrário você pode vomitar.

Primeiro passo: Feche a porta do seu quarto, fique nu se possível ou use roupas bem folgadas. Sente-se de pernas cruzadas.

Segundo passo: Coloque as mãos cinco centímetros abaixo do umbigo e pressione o local. Depois diminua a pressão. A pressão serve como um gatilho. Você pode parar de pressionar depois que as coisas começarem a acontecer. Isso demora cerca de dois minutos.

Basta que você pressione o *hara* para que um grande medo venha à tona e a sua respiração comece a ficar irregular. Dê vazão a esse medo e mergulhe nele. Talvez você comece a sentir o seu corpo tremer; coopere com isso. Você pode sentir vontade de rolar pelo chão; se sentir, role. Se a respiração ficar ofegante, deixe. Se as mãos começarem a se mexer, deixe também. Aconteça o que acontecer — se quiser dançar, dance —, não tente controlar. Fique possuído.

Isso pode durar de vinte e cinco a quarenta e cinco minutos, e será extremamente benéfico. Pode levar até dois meses para se concluir, mas será uma experiência primal, uma limpeza no inconsciente, e abrirá um espaço profundo dentro de você.

Terceiro passo: Antes de dormir, deite-se na cama de olhos fechados e imagine um quadro-negro — o mais negro possível. Visualize no quadro o número 3, três vezes. Primeiro olhe para o número, depois apague-o; em seguida olhe outra vez e depois apague-o novamente. Faça isso três vezes. Depois visualize o número 2 três vezes e então apague-o. Depois o número 1 três vezes e apague-o; depois o 0. Quando chegar ao 0, você sentirá um grande silêncio, como nunca sentiu antes, e esse silêncio aumentará à medida que o seu mergulho dentro de si também se aprofundar. Tente concluir esse exercício antes de dormir. Vá devagar, com delicadeza — ele pode levar de dois a três minutos. Também existem essas três camadas dentro de você, por isso, quando chegar a 0, isso significa que você chegou à camada 0 dentro de você. No dia em que a jornada estiver completa, você cairá em absoluto silêncio — como se toda a existência tivesse de repente desaparecido, sem restar nada. Esse será um vislumbre extraordinário.

ENFRENTE O MEDO

Horário: toda noite
Duração: quarenta minutos

Primeiro passo: Sente-no no seu quarto com as luzes apagadas e comece a ficar com medo. Pense em todos os tipos de coisas horríveis — fantasmas, demônios, qualquer coisa que possa imaginar. Imagine que eles estão dançando à sua volta e você está sendo possuído por forças demoníacas.

Deixe que a sua imaginação faça com que você fique verdadeiramente aterrorizado: eles estão matando você, tentando estuprar você, sufocar você. Sinta o medo mais profundo que puder e, seja o que for que aconteça, não recue.

Segundo passo: Durante ou dia ou em qualquer outra ocasião, sempre que sentir medo, aceite-o. Não o rejeite, não pense que ele é algo errado que você tem de superar. O medo é natural. Se aceitar o medo e deixar que ele se expresse à noite, as coisas começarão a mudar.

DO MEDO PARA O AMOR

Este exercício faz você passar do medo para o amor.

Duração: de quarenta a sessenta minutos

Primeiro passo: Sente-se confortavelmente, com a mão direita sobre a esquerda e com os polegares unidos. Isso define uma certa postura e estabelece um certo relacionamento entre as energias. A mão direita está ligada ao cérebro direito e vice-versa. O lado esquerdo é a sede da razão, é o covarde. O homem não pode ser intelectual e corajoso ao mesmo tempo. O cérebro direito é intuitivo.

Segundo passo: Relaxe, feche os olhos, descontraia o maxilar inferior, passando a respirar pela boca.

Quando você respira pela boca, e não pelo nariz, você estabelece um novo padrão respiratório e consegue deixar de lado o antigo. A respiração pelo nariz também estimula constantemente o cérebro. O nariz é dual, a boca não é dual. Quando respira pela boca, você não estimula o cérebro — o ar vai direto para o peito.

Esse exercício provocará um grande silêncio, não dual; um novo estado de relaxamento, e as suas energias começarão a fluir de outro modo.

LIBERE A CRIANÇA DENTRO DE VOCÊ

"Não existe nada a temer, só a entender. A nossa vida toda tem de se tornar apenas uma história de entendimento — sem medo, sem raiva, nada disso é necessário. Esses são obstáculos desnecessários ao entendimento..."

PARTE UM

Horário: toda noite antes de dormir
Duração: de dez a quinze minutos

Primeiro passo: Sente-se na sua cama com as luzes apagadas. Vire uma criancinha, tão pequena quanto você possa imaginar ou consiga se lembrar — uma criança de três anos, talvez, cujas lembranças você tenha quase esquecido. Você está sozinho.

Segundo passo: Comece a chorar, a balbuciar, a produzir sons sem sentido. Solte-se e deixe que as coisas aconteçam; muitos sons começarão a sair da sua boca. Se tiver vontade de gritar, grite, por pura brincadeira, durante um período de dez a quinze minutos.

Terceiro passo: Agora vá dormir com a simplicidade e inocência de uma criança.

Parte Dois

Horário: durante o dia, sempre que tiver uma oportunidade

Na praia, seja como uma criança catando conchas, correndo na areia, catando pedrinhas, construindo castelos de areia. Sempre que encontrar crianças, brinque com elas, esqueça que você é um adulto. Sempre que possível, fique nu e deite-se na terra, como se fosse uma criança. Faça caretas no espelho, espalhe a água da banheira como uma criança, deixe por ali alguns patinhos de plástico para brincar.

> O fundamental é começar a liberar a criança interior. Isso fará com que a raiva se vá, o ciúme se vá e, quando se for, você sentirá que está realmente florescendo.

"Tudo o que é preciso é que você se ligue com a sua infância outra vez e a coisa vai desaparecer, porque ela começou na infância e você vai ter de voltar à época em que ela começou. Você tem de ir à raiz, porque as coisas só podem ser mudadas se você voltar à raiz... O fundamental é começar a liberar a criança interior. Isso fará com que a raiva se vá, o ciúme se vá e, quando se for, você sentirá que está realmente florescendo."

LIGUE-SE À TERRA

Um dos maiores problemas do homem moderno é o desraizamento; toda a humanidade está sofrendo disso. Quando você se der conta disso, sentirá um fraquejar nas pernas, uma incerteza, porque as pernas são, na verdade, as raízes do homem.

O homem se enraíza na terra pelas pernas. "Depois que você entende um problema diretamente, já está a ponto de solucioná-lo. Agora você tem de fazer umas duas ou três coisinhas..."

Horário: toda manhã

Primeiro passo: Antes de começar a correr, fique de pé, com os pés um pouco afastados, e feche os olhos. Depois apóie todo o peso do corpo sobre o pé direito, como se você tivesse uma perna só. Sinta o pé esquerdo, que está livre, e depois apóie o peso do corpo sobre ele. Agora todo o peso do seu corpo está sobre o pé esquerdo e o direito está livre, como se não tivesse nada para fazer. Ele está apoiado no chão, mas não sente nenhum peso sobre ele. Faça isso de quatro a cinco vezes — sentindo a mudança na energia — e veja como se sente. Depois tente ficar no meio, sem apoiar o peso nem no lado esquerdo, nem no direito, nem nos dois. Fique no meio, equilibrado. Essa sensação de equilíbrio fará com que fique mais enraizado na terra.

Segundo passo: Se você está perto do mar, vá à praia toda manhã e corra na areia. Se não está, corra em qualquer lugar de pés descalços — sem sapatos, na terra nua, para que os seus pés possam tocar a terra. Depois de algumas semanas, você começará a sentir uma grande energia e força nas pernas.

"Comece também a respirar mais fundo. A sua respiração deve ser superficial e isso faz com que você se sinta desenraizado. O ar tem de ir até a própria raiz do seu ser e essa raiz é o seu centro sexual — assim haverá uma mensagem contínua do seu centro sexual por meio da respiração, e você se sentirá enraizado."

Se, em vez disso, a sua respiração é superficial e o ar nunca atinge o seu centro sexual, fica uma lacuna, que faz com que você se sinta confuso, incerto, sem saber quem é, para onde vai... simplesmente à deriva. Depois você vai se sentir sem brilho, sem vida, porque como a vida pode não ter propósito? E como pode existir propósito se você não está enraizado na sua energia?

Portanto, primeiro ligue-se à terra, que é a mãe de todos. Depois ligue-se ao seu centro sexual, que é o pai de todos. Assim você ficará absolutamente tranquilo, centrado, ancorado.

Terceiro passo: Depois de correr, siga as instruções referentes ao Primeiro Passo.

Epílogo

A meditação cria um agente de catarse, uma mente silenciosa, sem pensamentos, um corpo totalmente relaxado, sem tensões, um coração vazio, sem mau humor, sem sentimentos, sem sentimentalismo, sem emoções. Depois disso, é só aguardar. Nesse silêncio, nessa serenidade, aguarde...

Algo explodirá dentro de você, vindo de lugar nenhum.

Sim, é uma explosão — de luz, de amor, de extrema bem-aventurança, que ficará para você para sempre.

EMOÇÕES

SOBRE OSHO

☙

Osho desafia categorizações. Suas milhares de palestras abrangem desde a busca individual por significado até os problemas sociais e políticos mais urgentes que a sociedade enfrenta hoje. Seus livros não são escritos, mas transcrições de gravações em áudio e vídeo de palestras proferidas de improviso a plateias de várias partes do mundo. Em suas próprias palavras, "Lembrem-se: nada do que eu digo é só para você... Falo também para as gerações futuras".

Osho foi descrito pelo *Sunday Times*, de Londres, como um dos "mil criadores do século XX", e pelo autor americano Tom Robbins como "o homem mais perigoso desde Jesus Cristo". O jornal *Sunday Mid-Day*, da Índia, elegeu Osho – ao lado de Buda, Gandhi e o primeiro-ministro Nehru – como uma das dez pessoas que mudaram o destino da Índia.

Sobre sua própria obra, Osho afirmou que está ajudando a criar as condições para o nascimento de um novo tipo de ser humano. Muitas vezes, ele caracterizou esse novo ser humano como "Zorba, o Buda" – capaz tanto de desfrutar os prazeres da terra, como Zorba, o Grego, como de desfrutar a silenciosa serenidade, como Gautama, o Buda.

Como um fio de ligação percorrendo todos os aspectos das palestras e meditações de Osho, há uma visão que engloba tanto a sabedoria perene de todas as eras passadas quanto o enorme potencial da ciência e da tecnologia de hoje (e de amanhã).

Osho é conhecido pela sua revolucionária contribuição à ciência da transformação interior, com uma abordagem de meditação que leva em conta o ritmo acelerado da vida contemporânea. Suas singulares meditações ativas **OSHO** têm por objetivo, antes de tudo, aliviar as tensões acumuladas no corpo e na mente, o que facilita a experiência da serenidade e do relaxamento, livre de pensamentos, na vida diária.

Dois trabalhos autobiográficos do autor estão disponíveis:

Autobiografia de um Místico Espiritualmente Incorreto, publicado por esta mesma Editora.

Glimpses of a Golden Childhood (Vislumbres de uma Infância Dourada).

OSHO INTERNATIONAL MEDITATION RESORT

❧

Localização
Localizado a cerca de 160 quilômetros a sudeste de Mumbai, na florescente e moderna cidade de Puna, Índia, o **OSHO** International Meditation Resort é um destino de férias diferente. Estende-se por 28 acres de jardins espetaculares numa bela área residencial cercada de árvores.

OSHO Meditações
Uma agenda completa de meditações diárias para todo tipo de pessoa, segundo métodos tanto tradicionais quanto revolucionários, particularmente as Meditações Ativas **OSHO**®. As meditações acontecem no Auditório **OSHO**, sem dúvida o maior espaço de meditação do mundo.

OSHO Multiversity
Sessões individuais, cursos e *workshops* que abrangem desde artes criativas até tratamentos holísticos de saúde, transformação pessoal, relacionamentos e mudança de vida, meditação transformadora do cotidiano e do trabalho, ciências esotéricas e abordagem "Zen" aos esportes e à recreação.

O segredo do sucesso da **OSHO** Multiversity reside no fato de que todos os seus programas se combinam com a meditação, amparando o conceito de que nós, como seres humanos, somos muito mais que a soma de nossas partes.

OSHO Basho Spa

O luxuoso Basho Spa oferece, para o lazer, piscina ao ar livre rodeada de árvores e plantas tropicais. Jacuzzi elegante e espaçosa, saunas, academia, quadras de tênis... tudo isso enriquecido por uma paisagem maravilhosa.

Cozinha

Vários restaurantes com deliciosos pratos ocidentais, asiáticos e indianos (vegetarianos) – a maioria com itens orgânicos produzidos especialmente para o Resort **OSHO** de Meditação. Pães e bolos são assados na própria padaria do centro.

Vida noturna

Há inúmeros eventos à escolha – com a dança no topo da lista! Outras atividades: meditação ao luar, sob as estrelas, shows variados, música ao vivo e meditações para a vida diária. Você pode também frequentar o Plaza Café ou gozar a tranquilidade da noite passeando pelos jardins desse ambiente de conto de fadas.

Lojas

Você pode adquirir seus produtos de primeira necessidade e toalete na Galeria. A **OSHO** Multimedia Gallery vende uma ampla variedade de produtos de mídia **OSHO**. Há também um banco, uma agência de viagens e um Cyber Café no *campus*. Para quem gosta de compras, Puna atende a todos os gostos, desde produtos tradicionais e étnicos da Índia até redes de lojas internacionais.

Acomodações

Você pode se hospedar nos quartos elegantes da **OSHO** Guesthouse ou, para estadias mais longas, no próprio *campus*, escolhendo um dos pacotes do programa **OSHO** Living-in. Há além disso, nas imediações, inúmeros hotéis e *flats*.

http://www.osho.com/meditationresort
http://www.osho.com/guesthouse
Http://www.osho.com/livingin

OSHO International Meditation Resort

Para maiores informações: http://www.**OSHO**.com

Um *site* abrangente, disponível em vários idiomas, que disponibiliza uma revista, os livros de Osho, palestras em áudio e vídeo, **OSHO** biblioteca *on-line* e informações extensivas sobre o **OSHO** Meditação. Você também encontrará o calendário de programas da **OSHO** Multiversity e informações sobre o **OSHO** International Meditation Resort.

Websites:
 http://**OSHO**.com/AllAbout**OSHO**
 http://**OSHO**.com/Resort
 http://**OSHO**.com/Shop
 http://www.youtube.com/**OSHO**international
 http://www.Twitter.com/**OSHO**
 http://www.facebook.com/pages/**OSHO**.International

Para entrar em contato com a **OSHO** International Foundation:
 http://www.osho.com/oshointernational
 E-mail: oshointernational@oshointernational.com